For Prospective Librarians

図書館員をめざす人へ

増補改訂版

後藤敏行

勉誠社

増補改訂版のはじめに

　本書の初版は，おかげさまで，図書館員をめざしている方や図書館関係者の方々にご好評をいただきました。

　この度，海外のライブラリアンへのインタビューや，現役大学生および正社員として働きながら正規雇用の司書職採用試験を突破した方の合格体験記を追加し，改訂版を刊行する運びになりました。

　初版のインタビューや，筆者が単独で執筆した箇所は現在も色あせていないと判断し，引き続き掲載しています。ただし，統計データや参照先のウェブサイトを改訂版執筆時点で最新のものにし，その他，筆者が単独で執筆した箇所に加筆するなど，本書は全体的にアップデートされています（数えるのを途中でやめてしまいましたが，少なくとも 150，おそらくは 200 を超える箇所に加筆などを施しています）。

　初版と同様，本書が，図書館員をめざす方々の参考やモチベーションとなれば幸いです。

はじめに（初版）

　図書館とは，図書を中心に，記録された知識や情報を収集，整理，保存し，利用に供することを目的とする機関です。その図書館で働く専門的職員が図書館員です。司書や司書教諭などの呼称も日常よく使われますが，図書館員は，それらも含んだより広い概念です。本書は，図書館員をめざす人のためのガイドブックであり，インタビュー集です。

　まず，第Ⅰ部ではガイドブック的に，図書館員の仕事や資格取得の方法，図書館に就職するには，待遇などについて解説します。若手図書館員へのインタビューも行います。

　公共図書館，大学図書館，学校図書館など，図書館にはいくつかの種類があります。図書館員の仕事内容も同一ではなく，勤務する図書館の種類によって力点が違ってきます。第Ⅱ部では，そうした実態にさらに肉薄するために，公共，大学，学校，国立，専門の館種ごとに，現職の方々へインタビューを実施します。大学図書館に関する寄稿も1本いただきました。

　本書は，図書館員に関心を持ち始めた大学生や高校生から，本格的に図書館員をめざして採用試験の勉強中の方（なかには，図書館への転職をめざして勉強中の社会人の方もいるでしょう）まで，広い読者層を想定しています。特に，図書館の正規職員をめざしている人に向けて書いた部分が多いです。同時に，第Ⅱ部では，素晴らしい仕

事をされている非正規雇用の図書館員の方にもお話を伺いました。さまざまな話題に及びましたが，非正規雇用の厳しい現状についても率直にお話をいただいています。なお，現職の図書館員の方に読んでいただいても，各インタビューは仕事を進めるうえでの参考や刺激になるかもしれません。

　第Ⅲ部ではさらに，これからの図書館員像をテーマにインタビューを行い，そのうえで，各インタビューや寄稿を踏まえて，これから図書館員をめざす人に求められるものは何か，現職の方々の考えを整理します。それらの素地・素養を身につけるにはどうすればよいか，検討もしています。

　読者の方は，図書館員に対してどのようなイメージをお持ちでしょうか。いかにもステレオタイプですが，本に埋もれてメガネをかけて，のような姿を思い浮かべるでしょうか。あるいは，本書の読者には上記のとおり若い方々が多いと想定していますので，図書館の現代的・先進的な活動になじんでおり，上記とはまた違ったイメージを持っておられるでしょうか。本書を読んでいただくと，今まで抱いていた図書館員像が変化することになるかもしれませんし，イメージどおりだと再確認するかもしれません。いずれにせよ，本書は読者の方に図書館員像の再考を促し，理解や関心の度合いを一段深めてもらうことをねらっています。

　本書が，図書館員をめざす方々のきっかけや動機づけ，指針のひとつとなれば幸いです。

はじめに　　v

図書館員をめざす人へ　増補改訂版
目次

増補改訂版のはじめに………………………………………… iii

はじめに（初版）……………………………………………… iv

第Ⅰ部　基礎編

第1章　図書館，図書館員，図書館員の仕事………… 3

図書館とは ……………………………………………… 3

図書館の種類 …………………………………………… 4

図書館員とは …………………………………………… 16

図書館員の仕事 ………………………………………… 19

最近のトピック ………………………………………… 31

第2章　図書館員になるには ……………………………… 51

資格取得の方法 ………………………………………… 51

図書館に就職するには ………………………………… 67

寄稿 合格体験記（1）現役大学生 ……………………… 79

寄稿 合格体験記（2）社会人 …………………………… 89

コラム

インターンシップ …………………………………… 95

図書館員の待遇 ……………………………………… 95

若手図書館員へのインタビュー …………………… 99

第Ⅱ部　実践編

公共図書館 ……………………………………………… 115

国立情報学研究所および大学図書館 ……………… 133

[寄稿] 教壇に立つ図書館員：情報リテラシー教育業務を

担当する大学図書館員の一日 ……………… 151

学校図書館（1）司書教諭 …………………………… 159

学校図書館（2）学校司書 …………………………… 173

国立国会図書館 ………………………………………… 193

専門図書館 ……………………………………………… 209

米国のライブラリアン ……………………………… 221

第Ⅲ部　これからの図書館員像

これからの図書館員像 ……………………………… 247

図書館員をめざすあなたへ………………………… 263

　文献案内 ……………………………………………… 273

　求人の情報源 ………………………………………… 278

　おわりに ……………………………………………… 281

第 I 部

基礎編

　第Ⅰ部ではガイドブック的に，図書館とは何か，図書館員の仕事や資格取得の方法，図書館に就職するには，待遇などについて解説します。若手図書館員へのインタビューも行います。この改訂版では，現役大学生および正社員として働きながら正規雇用の司書職採用試験を突破した方々の合格体験記も掲載しました。

第1章　図書館, 図書館員, 図書館員の仕事

　本章では, 図書館とはそもそもどのような機関か, どのような種類があるのかという点から始めて, そこに勤務する図書館員とその仕事について解説します。さらに, 図書館に関する近年の話題を紹介します。

図書館とは

　ふだん, あまり意識せずに利用したり, ふと話題に出たりするかもしれませんが, 図書館とはそもそもどのような機関でしょうか。さまざまな定義や説明がありえますが, ここでは図書館を「図書を中心に, 記録された知識や情報を収集, 整理, 保存し, 利用に供することを目的とする機関」と定義したいと思います。

　記録された知識や情報を収集, 整理, 保存し, 利用に供することを目的とする機関には, 考え方によっては, 文書館や博物館, その他いくつかの公的機関も該当するでしょう。あるいは, 機関というと語感が合わないかもしれませんが, 民間企業も含まれるかもしれません。例えば, サーチエンジンで有名な Google 社は, 「世界中の情報を整理し, 世界中の人々がアクセスできて使えるようにすること」をみずからの使命だとしています[1]。

　一方図書館は, 先に述べたように, 図書を中心に一連の活動を行

います。図書のほかにも，雑誌や新聞，パンフレット，視聴覚資料など，資料[2] の種類は多様です。

　館種にもよりますが，図書館では近年，デジタル形式の資料（電子書籍や電子ジャーナルなど）が増えています。各館種の状況を総合的に考えて，「図書を中心に〜」と先のとおり図書館を定義しました。しかし令和4年度「学術情報基盤実態調査」によると，大学図書館に関しては，国公私立大学の合計で，電子ジャーナルの経費が図書のそれを超え，約2.5倍にのぼっています[3]。デジタルアーカイブ（地域資料や研究資料などの情報資源をデジタル形式で蓄積・保存し，インターネットを通じて公開する取り組み）も進んでおり，従来の紙媒体の資料と近年のデジタルメディアの両方を提供する，ハイブリッドライブラリーの姿を取っている図書館も多数あります。

図書館の種類

　図書館の利用者には小中高校の児童生徒，大学生，社会人などがいるでしょうし，彼ら・彼女らが図書館を訪れる目的も多様で，趣

1）Google. "Googleについて". https://about.google/,（参照 2024-01-28）.

2）図書館資料という言葉は昔からあり，現在も日常使われています。近年，図書館情報資源という表現も普及しつつあります。大学で開講される図書館に関する科目の名称にもこの表現が用いられています。また，司書教諭講習や司書教諭課程の教科書では，学校図書館の資料を学校図書館メディアと呼ぶ場合が多いです（図書館に関する科目や司書教諭講習などについては第2章「資格取得の方法」をお読みください）。

3）文部科学省. "学術情報基盤実態調査（旧大学図書館実態調査）". https://www.mext.go.jp/b_menu/toukei/chousa01/jouhoukiban/1266792.htm,（参照 2024-01-28）.

味としての読書，生活上の悩みごとを解決するための調べもの，学校の宿題や大学の課題に取り組むための資料収集，学術研究などがありえます。

　上記のとおり，利用者や，利用者が図書館を訪れる目的はさまざまです。それに対応するように，図書館にもいくつかの種類（館種）があります。勤務する図書館員の仕事内容も同一ではなく，館種ごとに力点が違ってきます。図書館員の生の声は，本書第Ⅱ部をぜひお読みください。ここでは各館種の概要を整理します。

公共図書館

　地域の住民にサービスをする図書館です。日本では，図書館法（1950 年制定）が「図書，記録その他必要な資料を収集し，整理し，保存して，一般公衆の利用に供し，その教養，調査研究，レクリエーション等に資することを目的とする施設」と規定しています（2条1項）。地方公共団体が設置するものを公立図書館といい，日本赤十字社，一般社団法人，または一般財団法人が設置するものを私立図書館といいます（同2項）。

　7条の2は「文部科学大臣は，図書館の健全な発達を図るために，図書館の設置及び運営上望ましい基準を定め，これを公表するものとする」としています。2012 年に告示された「図書館の設置及び運営上の望ましい基準」では，市町村立図書館は，利用者や住民に対する直接的なサービスの実施に努めること，都道府県立図書館は，それに加えて，市町村立図書館に対する援助や都道府県内の図書館間の連絡調整に努めること，私立図書館は広く公益に資するよう運

第 1 章　図書館，図書館員，図書館員の仕事　｜　5

営を行うことが望ましいことなどを図書館運営の基本としています[4]。

ややこしいですが、「公共図書館」という言葉は図書館法では1か所も登場せず、公立図書館、私立図書館、または単に図書館といった表現が使われています。図書館法の目的や内容から、同法でいう図書館（公立図書館および私立図書館）とは公共図書館のことであると解釈されています。

ただし、公費での運営や無料で利用できることを公共図書館の必要条件とする考え方もあります。その場合、私立図書館は除外され、公共図書館イコール公立図書館ということになります。「国及び地方公共団体は、私立図書館［中略］を設置する法人に対し、補助金を交付してはならない」（26条）、「私立図書館は、入館料その他図書館資料の利用に対する対価を徴収することができる」（28条）という規定が図書館法にあるためです。一方、公立図書館については「公立図書館は、入館料その他図書館資料の利用に対するいかなる対価をも徴収してはならない」（17条）という規定があります。

大学図書館や学校図書館などは、対象利用者がある程度限定されます（それでも、そこに勤務する図書館員はさまざまな仕事をこなさねばなりませんが）。一方、児童から現役社会人、高齢者までの幅広い層を対象に仕事をしたい場合は公共図書館に就職するのがよい、という実務家の方の声を聞いたことがあります。一個人の意見ではありますが、筆者も共感しますので、ここに紹介しておきます。

---

4) 文部科学省. "図書館の設置及び運営上の望ましい基準（平成24年12月19日文部科学省告示第172号）". https://www.mext.go.jp/a_menu/01_1/08052911/1282451.htm、（参照 2024-01-28）.

公共図書館に置かれる専門的職員を司書や司書補といいます。詳しくは本章「図書館員とは」や第2章「資格取得の方法」をお読みください。

　日本図書館協会[5]による年刊の統計書『日本の図書館』によれば，2022年4月時点で，公共図書館の数は日本全国で3,305館（うち，公立図書館は3,287館）にのぼります[6]。一方，図書館を設置している地方公共団体の率で見ると，都道府県が100％，市区が99.0％であるのに対し，町村は58.3％にとどまっています[7]。図書館法制定当時，財政上の余裕がないこともあり，地方の自主性によって実情に即して図書館を設置することにした（つまり図書館の設置は義務ではない）のです。地域格差の解消という観点からは，課題はなお残っているといえます。

　少し補足しておきます。設置率でなく人口で見ると，図書館がない町村などは人の数が少ないので，図書館がない自治体に暮らす人々は287万9,000人です。1億2,000万人を超える日本の人口のなかでは一部なわけですが，だからといって無視してよいことにはなりません。図書館がある58.3％の町村も，高齢者などにとっては面積が広く（広い自治体に1館でもあれば図書館が設置されていることになります），身近に図書館があるとは決していえない場合があります。このケースまで含めると，図書館が（身近に）ない自治体に住

───────────────

　5）日本の図書館を代表する総合的な全国組織です。2014年1月に公益社団法人として認定されました。
　6）日本図書館協会図書館調査事業委員会，日本の図書館調査委員会編『日本の図書館：統計と名簿』日本図書館協会，2023年，p. 24-25.
　7）日本図書館協会図書館調査事業委員会，日本の図書館調査委員会編『日本の図書館：統計と名簿』日本図書館協会，2023年，p. 20.

む人々は 287 万 9,000 人よりもさらに多いと思われます。

　私立図書館については，同書には 18 館が掲載されています [8]。ですが，「私立図書館の全体数の把握が不完全であり，私立図書館に対する悉皆的な調査はない」（ルビ筆者）との指摘があります [9]。

　『日本の図書館』からは，日本の公共図書館に関する以下の状況も見て取れます [10]。

・年間の個人貸出の総数は 6 億 2,300 万点を超える。人口ひとりあたり年間約 4.9 点の資料を公共図書館から借りている計算になる。1980 年代からの個人貸出総数の経年変化を見ると，着実な増加傾向にある（ただし最近は 2011 年をピークに，コロナ禍の頃だけでなく，2012 年以降減少傾向にある）。ちなみに，図書館数も同様に増加傾向にある。

・専任職員数は 9,377 人。非常勤職員，臨時職員，委託・派遣職員は合計で 32,528 人（年間実働時間の計が 1,500 時間で 1 人として換算）。司書・司書補の有資格者率は，専任職員が約 53.2％，非常勤職員，臨時職員，委託・派遣職員が約 58.2％ [11]。1980 年代からの専任

---

8) 日本図書館協会図書館調査事業委員会，日本の図書館調査委員会編『日本の図書館：統計と名簿』日本図書館協会，2023 年，p. 218.

9) 塩見昇，山口源治郎編著『新図書館法と現代の図書館』日本図書館協会，2009 年，p. 204.

10) 日本図書館協会図書館調査事業委員会，日本の図書館調査委員会編『日本の図書館：統計と名簿』日本図書館協会，2015 年，p. 24-25, 28, 29.
　初版で参照した上の版に加え，以下も参照。
　日本図書館協会図書館調査事業委員会，日本の図書館調査委員会編『日本の図書館：統計と名簿』日本図書館協会，2023 年，p. 24-25, 28, 29.

11) ややこしいと思われるかもしれませんが，司書・司書補を公共図書館に必ず置かねばならないとは図書館法は定めていませんし，司書や司書補の資格を持たずに配属になる場合もあります。本文の数字は，以上のことの

職員数の経年変化を見ると，図書館数や個人貸出総数とは異なり，1990年代後半の1万5千人台をピークに漸減している（2019年に1万人を割った）。ちなみに，年間受入図書冊数や資料費も近年減少傾向にある。

大学図書館

大学に設置され，教育・学習と研究を支援する図書館です。日本では，4年制大学の図書館だけを指す場合も，4年制大学，短期大学，高等専門学校，および大学院大学に設置される図書館を総称して大学図書館と呼ぶ場合も，両方あります。本書では，以下，後者の「4年制大学，短期大学，高等専門学校，および大学院大学に設置される図書館の総称」として大学図書館という言葉を使います。

大学図書館のための法律はなく，大学設置基準（1956年制定），短期大学設置基準（1975年制定），高等専門学校設置基準（1961年制定）という各省令が設置を義務づけ，基準の大枠を示しています。

多くの大学図書館は全国規模のネットワークでつながっており，目録，分類の作成を分担したり，相互利用（相互貸借や文献複写）を行うなどしています（目録，分類の作成や相互利用については本章「図書館員の仕事」をお読みください）。ネットワークの構築に中心的な役割を果たしているのが，大学共同利用機関法人である国立情報学研究所（National Institute of Informatics：NII. 東京都千代田区）です。NIIの

あらわれです。別の言い方をすると，司書や司書補の資格を持っていなくても公共図書館で働くチャンスはゼロではありません。第2章「図書館に就職するには」もお読みください。

目録所在情報サービス（NACSIS-CAT/ILL Catalog Information Service）が目録，分類作成の分担や相互利用を支援しています。NII はほかにも，「学術機関リポジトリ構築連携支援事業」や CiNii（論文や図書・雑誌などの学術情報を検索できるデータベースサービス）など，さまざまな事業やサービスを実施しています（機関リポジトリについては本章「最近のトピック」を参照してください）。

　公共図書館の場合と異なり，大学図書館の設置を上記のとおり各省令が義務づけていますので，基本的にすべての大学に図書館が設けられます。文部科学省が毎年実施している「学術情報基盤実態調査」の令和 4 年度版によると [12]，全国の国公私立大学図書館の専任職員数は 4,549 人，臨時職員は 4,821 人，業務委託等職員は 5,111 人です。過去 10 年間の経年変化は，図書館職員数，専任職員数ともに減少傾向にあります。図書館運営費も減少しており（その結果，図書受入冊数や雑誌受入種類数も減っています），厳しい財政状況がうかがえます。ただし図書館運営費が全体として減少するなか，電子ジャーナルの経費に限って見ると増加しています。

　ちなみに，館外貸出サービスは学生の利用が約 80％を占めており，学生ひとりあたり年間約 4.5 冊の資料を大学図書館から借りている計算になることが同調査から読み取れます。

　本書初版では，学生ひとりあたり年間約 7.9 冊でした。数年で急に減ったなという印象を受けますが，「学術情報基盤実態調査」の令和 4 年度版では，貸出については，令和 3 年度実績の回答です。

12）文部科学省."学術情報基盤実態調査（旧大学図書館実態調査）" https://www.mext.go.jp/b_menu/toukei/chousa01/jouhoukiban/1266792.htm，（参照 2024-01-28）．ただし，短期大学と高等専門学校の図書館は調査に含まれていません。

新型コロナウイルスの影響で図書館サービスが制限されていたのかもしれません。

学校図書館

　児童生徒の学習や読書，教員の教育活動を進めるために，小中高校などに設けられる図書館です。日本では，学校図書館法（1953年制定）が小学校，中学校，高等学校（義務教育学校，中等教育学校，特別支援学校の小学部，中学部，高等部を含む）への設置を義務づけています（3条）。学校図書館について同法は，上記の各学校において，図書館資料を収集，整理，保存し，児童生徒および教員の利用に供することによって，学校の教育課程の展開に寄与するとともに，児童生徒の健全な教養を育成することを目的として設けられる学校の設備である旨を定めています（2条）。

　今日，学校図書館の役割を，学習情報センターや読書センターとして表現することが多いです。おもに，前者は「教育課程の展開に寄与する」側面から，後者は読書によって「児童生徒の健全な教養を育成する」側面から，学校図書館の機能をあらわしたものです。

　学習情報センターとは，論者によってさまざまな文脈で用いられますがおおむね，学校図書館の次のようなあり方を意味します。

・児童生徒の自発的，主体的な学習を，多様な資料および司書教諭や学校司書などが支える学校図書館
・各教科の学力向上に役立ち，かつ，情報リテラシー（情報リテラシーについては本章「図書館員の仕事」をお読みください）の育成にも寄与する学校図書館

一方，読書センターとして機能するということは，児童生徒の自主的な読書や，学習指導における読書を支え，読書への関心を高める活動を行う，ということです。

　なお，教育活動に必要な各種の資料を収集あるいは製作し，整理，保存して，教員の利用に供することも学校図書館には求められます。その機能を教材センターと呼ぶことがあります。

　学校図書館の特徴にはほかに，例えば刊行後 10 年以上経過したり，新版が出て旧版となった百科事典やハンドブックについて，定期的な除籍，更新（内容が古くなった資料を除籍し，新しいものと取り換えること）を他館種よりも積極的に行おうとするという点もあります。本章「図書館とは」で述べたとおり，資料の保存は図書館の機能のひとつです。しかし教育上の効果を考慮して，上のような立場を学校図書館は取ります。

　大学図書館と同様，学校図書館も上記のとおり設置が義務づけられていますので，すべての小中高校に図書館が設けられます。学校図書館の専門的職務をつかさどる司書教諭も，学校図書館法が配置を義務化しています（5 条 1 項）。ただし，同法附則で，政令で定める規模以下の学校では，当分の間，司書教諭を置かないことができるとも規定しています。政令で定める規模以下とは，学級数が 11 以下の学校とされています（学校図書館法附則第二項の学校の規模を定める政令（1997 年制定））。

　文部科学省が隔年で実施している「学校図書館の現状に関する調査」の令和 2 年度版によると，2020 年 5 月時点で，司書教諭は，12 学級以上のほとんどの学校で発令されています。ところが，11 学級以下の学校も含めた全体の状況を見ると，司書教諭が発令され

ているのは小学校で69.9％，中学校で63.0％，高等学校で81.5％です[13]。

なお，学校司書については，2020年5月時点で，68.8％の小学校，64.1％の中学校，63.0％の高等学校が配置しています。常勤の学校司書が全国で5,878人いる一方，非常勤の学校司書は18,514人にのぼります[14]。

司書教諭と学校司書について，詳細は本章「図書館員とは」や第2章「資格取得の方法」をお読みください。

国立図書館

国家が設置運営する，国の中央図書館です。自国資料の網羅的収集と保存，それらの書誌情報（タイトル，著者，版次，出版者[15]，出版年，サイズなどの，資料に関するさまざまな情報）の提供，図書館間の協力や国際交流の推進といった役割を担います[16]。

日本では，国立国会図書館法（1948年制定）に基づき同年設置された，国立国会図書館（National Diet Library：NDL. 東京本館所在地：東

---

13) 文部科学省．"令和2年度「学校図書館の現状に関する調査」の結果について"．https://www.mext.go.jp/a_menu/shotou/dokusho/link/1410430_00001.htm，（参照 2024-01-28）.

14) 文部科学省．"令和2年度「学校図書館の現状に関する調査」の結果について"．https://www.mext.go.jp/a_menu/shotou/dokusho/link/1410430_00001.htm，（参照 2024-01-28）.

15) 個人も団体も両方意味に含むため，このような文脈では出版社でなく出版者と表記するのが図書館の世界の通例です。

16) 国立図書館をこのように定義した場合，日本の国立大学や国立の研究所の図書館は，「国立」ではありますが，大学図書館や専門図書館に分類されます。

第1章　図書館，図書館員，図書館員の仕事　　13

京都千代田区）が国立図書館として機能しています。名前のとおり同館は，「国会議員の職務の遂行に資する」（2条），国会の活動を補佐する図書館でもあります。同時に閲覧，レファレンス，複写といった国民への直接サービスや，全国各地の図書館への現物の貸出，複写物の提供なども行っています。

国立国会図書館は「中央の図書館並びに［中略］支部図書館で構成」されます（3条）。調査及び立法考査局や関西館，国際子ども図書館など，特に有名な部局や支部図書館があります。

国立国会図書館法 10 章（国，地方公共団体，独立行政法人等による出版物の納入）および 11 章（その他の者による出版物の納入）に基づき，国立国会図書館は，法律によって国内の全出版物を収集しようとする，法定納本図書館の役割を果たしています。地方公共団体，独立行政法人，民間の出版社などが出版物を発行した場合，同法が規定する納入期限内に指定の部数を同館に納入しなければなりません。

国立国会図書館法は，納本制度を定める一方，「館長は，一年を超えない期間ごとに，前期間中に日本国内で刊行された出版物の目録又は索引を作成し，国民が利用しやすい方法により提供する」ものとしています（7条）。これに基づいて刊行されるのが「全国書誌データ」などで，現在は国立国会図書館サーチなどを通じて提供されています。国立国会図書館サーチ，CiNii（前述の大学図書館の項をお読みください）は国内の図書や論文などを（ほぼ）網羅的に検索できるデータベースです。これらをあまり使ったことのなかった読者の方は，これを機に，大学の論文やレポート作成などにぜひ活用してみてください。

国立国会図書館の職員の定員は，館長，副館長を含めて 894 人

（2023 年 4 月時点。行政・司法部門の支部図書館の職員は除く）[17]，蔵書数は，本書を執筆している時点で最新の統計によると，図書 1,200万点以上，雑誌・新聞なども合わせると総計 4,600 万点を超えます [18]。国内最大の図書館です。

専門図書館

音楽図書館，法律図書館など，特定の主題領域の資料を扱う図書館や，雑誌図書館（例えば大宅壮一文庫），フィルムライブラリー（例えば国立映画アーカイブ）など，特定の形態の資料を扱う図書館です。企業などが業務遂行のために設置し，その構成員の利用を第一に考える場合が多いですが，一般公開している例もあります。

専門図書館には，企業が設置するもののほか，省庁，各種専門団体，外国政府機関の図書館，地方議会図書室なども含まれます。地方議会図書室は，地方自治法（1947 年制定）で設置が義務づけられており（100 条 19 項），政府の官報や都道府県の公報などを所蔵しています。一般住民に利用させることができると規定されています（同 20 項）。一般社団法人または一般財団法人が専門図書館を設置した場合，図書館法 2 条で定める私立図書館（前述の公共図書館の項をお読みください）にも該当するケースがあります。

受刑者のための刑務所図書館や，入院患者や医療従事者のための

17）国立国会図書館．"組織・職員・予算"．https://www.ndl.go.jp/jp/aboutus/outline/organization.html，（参照 2024-01-28）．

18）国立国会図書館．"統計"．https://www.ndl.go.jp/jp/aboutus/outline/numerically.html，（参照 2024-01-28）．

病院図書館なども存在し，それらは「その他の図書館」と呼ばれることも，専門図書館に含められることも，両方あります。

専門図書館全体を統括する法令は日本にはありません。わが国の専門図書館の全国組織に専門図書館協議会があります。

専門図書館協議会が『専門情報機関総覧』を3年に1回刊行しています。タイトルのとおり専門情報機関を収録するものであり，図書館以外のものも含まれていますが，2018年版の収録機関数は1,645にのぼっています。

多様な専門図書館があるなかで，本書では，味の素食の文化センターの「食の文化ライブラリー」（東京都港区）の方々にインタビューを行いました。本書第Ⅱ部のインタビューをぜひご覧ください。

図書館員とは

本書のタイトルには「図書館員」という表現を用いています。図書館で働く人に関する用語にはほかに，司書，司書補，司書教諭，学校司書，図書館職員，ライブラリアンなどがあります。以下で整理してみたいと思います。

司書，司書補，司書教諭，学校司書

図書館法は「図書館に置かれる専門的職員を司書及び司書補と称する」としています（4条1項）。同法で図書館とは公立図書館や私立図書館を指し，広義には両者とも公共図書館であると考えられます（本章「図書館の種類」をお読みください）。よって，公共図書館で

専門的事務に従事する職員が司書や司書補である，といえます。

　また，国会職員法（1947 年制定）が「この法律において国会職員とは，次に掲げる者をいう」として，「国立国会図書館の館長，副館長，司書，専門調査員，調査員及び参事」をほかの職員と並べて挙げています（1 条 3 号）。国立国会図書館で，国内外の資料の収集や整理および保存，国民に対する資料・情報提供などの図書館サービス業務に従事する職員は，国会職員法が定める司書だといえます。

　ほかの館種はどうでしょうか。学校図書館の職務を担う教職員に，司書教諭と学校司書がいます。司書教諭は教員で，学校司書は事務職員です [19]。学校図書館法は「学校には，学校図書館の専門的職務を掌らせるため，司書教諭を置かなければならない」としています（5 条 1 項）。また，同法は「司書教諭のほか，学校図書館の運営の改善及び向上を図り，児童又は生徒及び教員による学校図書館の利用の一層の促進に資するため」，もっぱら学校図書館の職務に従事する職員（学校司書）を置くよう努めなければならないとしています（6 条 1 項）。

　大学図書館には，図書館の専門的業務を担う人材が配置されていますが，上記の司書や司書教諭，学校司書などのような，法律で定められた固有の職名はありません。専門図書館についても同様です。

---

19)「学校司書は職員です」と書いてしまうと，広い意味では司書教諭も職員（教育職員）であり，ややこしくなるので，事務職員と書いておきます。ただし，実習助手として教育職で人を採用し，学校図書館に配置する自治体もあります。学校司書になりたい場合，働きたい自治体が，学校図書館への配置の可能性がある実習助手を募集しているかどうか，確認してもいいかもしれません。本書第 I 部第 2 章「図書館に就職するには」もご覧ください。

司書や司書補，司書教諭，学校司書になるための資格の取り方などについては第2章「図書館員になるには」で解説します。

図書館員

　ところで，図書館には専門的職員以外の人員も配置される場合があります。例えば，館内に総務や経理部門などを持ち，それらの業務に従事するスタッフを擁する図書館もあります。そうした職員も含めた，図書館で働くすべての人を指す際，図書館職員や図書館員という場合が多いです。一般に，図書館職員よりも図書館員のほうが専門職の意味合いが強いです。大学図書館などで専門的業務に従事する人は，みずからを図書館員と呼ぶ場合が多いです。

　ややこしいと思われるかもしれませんが，公共図書館の司書や学校図書館の学校司書の方，司書教諭の先生も，各種の研修会や学会，シンポジウムなどの機会に，内外に向けてみずからを図書館員と呼ぶ場合があります。「図書館員」には各館種で働く専門的職員の総称の意味合いがある，ということのあらわれです。欧米の 'Librarian' は背景も状況も日本とは異なる点が多いのですが，日本の図書館に勤務する人のことを指してカタカナでライブラリアンといった場合，図書館員とほぼ同義と考えてよいでしょう。

　図書館法や国会職員法でいう司書ではなく，各図書館の専門的職員の総称として「司書」が日常の会話で用いられる場合もありますが，本書では「図書館員」を使います[20]。

図書館員の仕事

　図書館のサービス─さしあたり，図書館員の仕事と言い換えてよいでしょう─は一般に，利用者に対する直接的なサービスであるパブリックサービス（利用者サービス，直接サービスとも）と，それを支えるテクニカルサービス（整理業務，間接サービスとも）とに分けられます。前者の例として，閲覧，貸出，レファレンスサービスなどを挙げることができます。後者には，選書，目録・分類作成などがあります。

　図書館サービスのすべてを紹介しようとするとページ数が足りなくなってしまいます。司書課程の科目「図書館サービス概論」[21]などにそれはゆずることにして，ここでは，いくつかのものを概観しましょう。

　なお，館種による傾向の違いを明確にするよう努めましたが，以下は総論です。実際は以下に加えて，館種ごとの特徴もあります。例えば多くの大学図書館では，電子ジャーナルや機関リポジトリ，

---

[20] なお，高度情報社会において図書館で働く専門職という意味合いで，図書館情報学（図書館情報学については第2章「資格取得の方法」をお読みください）に関する文献や学会では図書館情報専門職という表現を用いる場合もあります。

[21] 司書課程については第2章「資格取得の方法」をお読みください。ややこしいかもしれませんが，司書課程を履修しなくても図書館員になる道はあります。それについては第2章「図書館に就職するには」をお読みください。ですが，図書館員をめざして司書課程を履修中，あるいは司書課程を履修できる進学先を検討中という読者の方も多いと思われます。そのため，本書では以下，本文の内容とかかわりの深い司書課程の科目を必要に応じて紹介します。

第1章　図書館，図書館員，図書館員の仕事　｜　19

ラーニングコモンズに関する業務にも図書館員は携わります。本章「最近のトピック」や「若手図書館員へのインタビュー」，本書第Ⅱ部をお読みください。

　学校図書館では，原則的には，司書教諭は児童生徒への教育や，そのための学校図書館運営の方針決定に携わり，そうした活動を支える基礎的な事務や図書館サービスを学校司書が担当します。

　国立国会図書館では，館の業務は調査業務，司書業務，一般事務に分かれるとされ，同館のウェブサイトには次のように説明されています[22]。

・調査業務：立法府に属する「国会図書館」として，国会議員の立法活動を補佐するため，国会議員その他国会関係者に対して，法案などの分析・評価，国政審議にかかる政治，経済，社会など各般の調査を行う。

・司書業務：日本で唯一の「国立図書館」として，国内外の資料を収集・保存して後世に伝えるとともに，広く国民に対して情報を提供する。また，国内の図書館業務全体の発展をめざす。

・一般事務：館の方針の企画・立案，予算と執行の管理，庁舎の管理，人事関係の事務といった業務を行うほか，行政・司法各部門の支部図書館との連絡調整，国内外の図書館との協力活動，国会との連絡調整などの業務を行う。

22）国立国会図書館．“組織・業務内容・キャリアパス”．http://www.ndl.go.jp/jp/employ/employ_system.html，（参照 2016-01-17）．
　　国立国会図書館．“国立国会図書館の職員について”．https://www.ndl.go.jp/jp/employ/employ_system.html，（参照 2024-01-28）．

パブリックサービス

①閲覧，貸出

　閲覧（図書館資料を館内で利用すること）や貸出は利用者に最もなじみのあるサービスでしょう。貸出，返却に伴うカウンター業務全般，利用者が閲覧，貸出を希望する資料が書庫にあれば取ってくる（この作業を出納といいます），返却された資料を書架に並べる（排架または配架といいます），といった仕事を図書館員は担います。

　関連するサービスに相互利用（相互貸借や文献複写）があります。自館が所蔵しない資料（のコピー）を他館から取り寄せて利用者に提供するものです。図書館員は，相互利用の依頼をする際は，データベースを検索して資料を所蔵する館を探し，依頼をかけます。依頼を受けた場合は，自館の資料の現物や，そのコピーを相手館に送ります。コピーの場合は著作権法に制限があるので（31条），その範囲内で行います。

②レファレンスサービス

　「中・高校生が主役の小説で，2024年以降に刊行された，国語の教材としても使えそうなものはないだろうか」，「『アルプスの少女ハイジ』の原書（ドイツ語）を所蔵しているか」，「日本における最古の「広告」はどのようなものか」といった利用者からの質問に回答するサービスです。レファレンスブック（参考図書とも。辞典，百科事典，統計など）や自館製作ツール（例えば図書館員専用の調査資料や文献リスト，新聞・雑誌の切抜資料）などを用いて文献を紹介したり，

所蔵の有無を答えたり（所蔵していない場合は先述の相互利用を案内する場合もあります），質問に回答するための調査を行います。

　レファレンスサービスに関して今日，インターネットを通じた協力活動の進展が期待されています。その代表例が，国立国会図書館が運営するレファレンス協同データベース（略称：レファ協）事業です。国立国会図書館が全国の図書館などと協同で調べ物のためのデータベースを構築・運営しています。参加館は2024年1月時点で，公共，大学，専門，学校図書館など，計922館にのぼります[23]。参加館がそれぞれ対処したレファレンス事例や，資料や情報にたどり着くための調べ方に関するデータなどを登録し，データベースとしてインターネット上に公開しています。上に挙げた3つの質問例も，レファ協事業が公開しているもの（を一部改変したもの）です。

③利用指導

　多岐にわたるさまざまな情報のなかから必要なものを選び出し，読み解き，問題の解決や新たな情報の創造・発信をする能力を，情報リテラシーあるいは情報活用能力と呼びます。

　情報リテラシーのこの定義を読むと，図書館を活用できる能力と関連がある気がしませんか。そのとおりで，図書館を使いこなす能力（図書館リテラシー）の習得・向上は，情報リテラシーの習得・向上につながると考えられます。

　その立場にたって，図書館の利用指導（利用案内，利用教育，利用

23）レファレンス協同データベース．"事業報告・統計"．国立国会図書館．
https://crd.ndl.go.jp/jp/library/statistics.html，（参照 2024-02-28）．

者教育，図書館利用教育など，さまざまな呼称があります）が盛んに行われています。現状では，公共図書館でも情報リテラシーの重要性の認識が広まりつつありますが，大学図書館において主要な業務のひとつになっている場合が多いです。具体的な活動には次のものがあります。3点目の例のように，図書館の利用指導にとどまらず，情報リテラシーの習得・向上を直接の目的とした業務も実施する場合があります。参加希望者を図書館に集めて行う場合もあれば，教員との連携のもと，ゼミナールや講義の1回〜複数回に図書館員が参加して実施するケースもあります。

・図書館の設備や基本的なサービス，利用法全般を伝える図書館ツアーやオリエンテーション
・OPACや各種データベースの活用法の講習会
・論文・レポートの作成法やプレゼンテーション技法の講習会（大学院生を雇用して担当してもらったり，教員と連携して行う場合も）

　以上に関しては，本書第Ⅱ部の寄稿もぜひご覧ください。
　学校図書館も，総合的な学習の時間や各教科において，問題解決的な学習や調べ学習などで活用される事例があります。これらも児童生徒の情報リテラシー向上に役立つ取り組みといえます[24]）。

---

24)「司書・司書教諭が知っておくべき学校図書館のための情報リテラシー」というタイトルで，『図書館教育ニュース付録』という媒体に，2019年度に全9回の連載を書きました。日本女子大学の機関リポジトリ（https://jwu.repo.nii.ac.jp/）にPDFファイルで各回を登録し，インターネット上に公開しています。学校司書の採用試験を受ける場合など，必要に応じて参考にしてください。

④読書相談

　先述のレファレンスサービスにも関連しますが，図書館の利用者が読みたい資料を入手できるよう図書館員が援助することを読書相談サービス（または読書案内など）と呼びます。

　図書館利用者は，具体的にどの資料を読みたいという意図を持って来館するわけでは必ずしもありません。何か面白いものはないかといった漠然とした場合もあれば，「Xに関する資料」とだけ決めているような場合もあります。利用者が求めているものを明確にするために，対話が重要になります。また，図書館員が資料を熟知している必要もあります。分類・目録など（下記「テクニカルサービス」をお読みください）の整備，新着図書案内やテーマ別ブックリストの作成（図書館のウェブサイト上のものも含む）も読書案内として有効です。

　児童サービス（下記⑥）においては，対話や資料の熟知などに加え，分類や新着図書案内などは工夫して，児童に分りやすいものにすることが望ましいです。読み聞かせやストーリーテリング，ブックトークといった手法も用います。

⑤課題解決支援サービス（課題解決型サービス）

　「図書館利用者への情報提供・相談業務の発展形」であり，「日常生活で直面する課題や地域の課題解決への実用的な情報提供」を目的とするサービスです[25]。『地域の情報ハブとしての図書館』では，ビジネス支援，行政情報提供，医療関連情報提供，法務関連情報提

25）高山正也，村上篤太郎編著『図書館サービス概論』改訂，樹村房，2019年，p. 42.

供，学校教育支援（子育て支援含む），地域情報提供・地域文化発信，の6領域を列挙しています[26]。

　こうした課題解決支援サービスの一般的な留意点として，資料や情報を利用者に提供するだけでなく，それらを効果的に活用できるよう，テーマ別資料コーナーや展示コーナーを設置する，文献探索・調査案内（パスファインダー）を作成する，図書館ウェブサイト上に課題に関するリンク集を作成する，関係機関や団体と連携し，講座や相談会を開催する，といったことが挙げられています[27]。また，レファレンスサービスの充実が必要だと『地域の情報ハブとしての図書館』と『これからの図書館像』の両書が指摘しています[28]。

⑥世代別サービス

　図書館は特定の世代向けのサービスも行います。児童に対しては

26）同書全体を通じて論じられていますが，例えば次の箇所を参照してください。
　　図書館をハブとしたネットワークの在り方に関する研究会『地域の情報ハブとしての図書館：課題解決型の図書館を目指して』2005年，p. 5-6. https://www.mext.go.jp/a_menu/shougai/tosho/houkoku/05091401.htm，（参照2024-01-28）.

27）金沢みどり『図書館サービス概論』第2補訂版，学文社，2022年，p. 105-106.

28）両書全体を通じて論じられていますが，例えば次の箇所を参照してください。
　　これからの図書館の在り方検討協力者会議『これからの図書館像：地域を支える情報拠点をめざして』2006年，p. 12-13. https://warp.ndl.go.jp/info:ndljp/pid/286794/www.mext.go.jp/b_menu/houdou/18/04/06032701.htm，（参照2024-01-28）.
　　図書館をハブとしたネットワークの在り方に関する研究会『地域の情報ハブとしての図書館：課題解決型の図書館を目指して』2005年，p. 20-21. https://www.mext.go.jp/a_menu/shougai/tosho/houkoku/05091401.htm，（参照2024-01-28）.

絵本などの児童書を提供しますし，読み聞かせ（図書を子どもたちに読んで聞かせること），ストーリーテリング（語り手が物語を覚えて，聞き手に語ること），ブックトーク（特定のテーマに関する一連の本を，あらすじやおもな登場人物なども含めて，解説を加えながら順序よく紹介すること）などを実施します。これらを児童サービスと呼びます。おもに公共図書館や小学校の学校図書館で行われます。ほかの館種も児童サービスとまったく無縁であるわけではありません。例えば，幼児教育や児童文学などの専攻を持つ大学の図書館でも児童書を扱いますし，国立国会図書館の支部図書館である国際子ども図書館は，国立の児童書専門図書館として，全国の公共図書館や学校図書館などを支援しています。

　児童サービスは司書課程の科目のひとつになっています（「児童サービス論」）。さらに，主として公共図書館が行う，おおむね12歳から18歳までの青少年期利用者（ヤングアダルト）へのヤングアダルトサービスや，高齢者のニーズを踏まえた資料や高齢者が使いやすい設備を用意するなどの高齢者サービスが注目されています。

⑦障害者サービス，多文化サービス

　図書館は，障害者サービスや多文化サービスと呼ばれる活動も行います。図書館利用に障害のある人々には，施設のバリアフリー化を図り，録音図書や点字図書，大活字本などを提供します。近年では，活字による読書が困難な人のための国際的なデジタル録音資料製作システムであるDAISY（デイジー）の活用も進んでいます。

　多文化サービス（外国人に対する図書館サービス）では，地域に在住している外国人のニーズに応える資料（外国語資料のほか，日本文

化や日本での生活に関する資料や情報）を収集・提供します。外国語での カウンター対応，利用案内や館内掲示の作成も行います。在住外国人同士，在住外国人と地域住民との交流の場を設けることもあります。

関連する話題として，大学図書館で近年，大学院所属の留学生や日本人学生が，英語や日本語，留学生の母語で学部留学生の図書館利用や学習相談に対応する事例が見られます。「留学生コンシェルジュ」や「留学生ラーニング・コンシェルジュ」などと呼ばれています。

⑧行事・集会活動

図書館法は「読書会，研究会，鑑賞会，映写会，資料展示会等を主催し，及びこれらの開催を奨励すること」（3条6号）や「社会教育における学習の機会を利用して行った学習の成果を活用して行う教育活動その他の活動の機会を提供し，及びその提供を奨励すること」（同8号）に努めなければならないことを規定しています。

公共図書館の行事・集会活動には，講演会や資料展示会，映画上映会，読書会などがあります。参加者の楽しみや自己啓発に役立ちますし，参加者同士の交流の場にもなります。図書館にとっては，地域との結びつきや交流，PRの一環になります。

ほかの館種も行事・集会活動を行います。大学図書館の場合，その館が所蔵する貴重資料の展示会には，図書館の地域開放，地域貢献にもつながる意義があります。学校図書館では，読書感想文コンクールに学校図書館が中心的にかかわる場合があるなど，学校全体の教育活動の一環として行事・集会活動を行います。

上記の活動に加え，例えばビブリオバトル（お気に入りの図書を持ち寄って，その面白さについて5分程度でプレゼンテーションしあい，どの本が一番読みたくなったかを参加者の多数決で決定する書評ゲーム）もあります。

テクニカルサービス

①選書

　国立国会図書館は，法定納本図書館として，国内の全出版物を収集しようとします。ほかの図書館は，予算の制約上，すべての出版物を購入するわけにはいきません。対象利用者や，利用者が図書館を訪れる目的もさまざまです。そのため，各館で資料収集方針をつくり，それに基づいて，例えば『週刊新刊全点案内』や『週刊新刊情報』などの情報源を用いながら，図書をはじめとする資料を選びます。書店や取次（取次とは，出版社と書店の間に立つ仲介業のことで，ほかの業界でいう問屋に該当します）が定期的に資料を図書館に持ち込み，そのなかから必要なものを，現物を見ながら図書館員が選ぶ資料選択方式（見計らい方式）などもあります。

②収書

　選書でえらんだ資料を実際に入手することを収書や収集などと呼びます。選書した資料は絶版などで入手困難な場合があり，古書市場を通じて資料を入手することもあります。

　購入だけでなく，寄贈や資料交換によって資料を収集する場合もあります。大学図書館などで，個人（その大学を定年退職した教授や

関係者など）がまとまった蔵書を寄贈した場合には，寄贈者の氏名を冠して特殊コレクションとすることもあります。

③目録の作成，分類記号，件名標目の付与

選書，収書を終えた資料に対しては，目録を作成し，また，分類記号や件名標目を付与します。

司書課程の科目「情報資源組織論」で詳しく学びますが，図書館用語としての目録とは，図書館資料の代替物となる記録（図書のタイトル，著者，出版者など）を整理し，検索可能にするツールです。簡単にいえば，図書館の蔵書検索システムである OPAC のことです。OPAC の登場以前は紙媒体のカード目録が使われていました。カード目録は，学校図書館などで，現在も使用されている場合があります。目録には所在情報も載っており，利用者は，目録を検索することによって資料の所蔵の有無や（所蔵されている場合）排架場所が分かります。

図書館用語としての分類とは，資料をおもに主題に従って体系的に排列し，また，主題間の関連を明示することで，主題検索を容易にするツールです。主題とは，「この資料は一言で述べると X について書かれたものである」という場合の「X」に相当するものです。分類には記号を使用します（分類記号）。図書館資料の背表紙にラベルが貼ってありますが，その一部が分類記号です。おもに数字やアルファベットからなります（背表紙のラベルにはさらに，著者やタイトルなどを示す記号も表示されていることが多いです）。分類によって，資料が主題ごとに集まり，利用者にとって探しやすくなります。

分類記号とは対照的に，件名標目は資料の主題を語（名辞）によ

第 1 章　図書館，図書館員，図書館員の仕事　　29

って表現し，資料を検索可能にします。唐突ですが，『インフォメーション・パワー』というタイトルの，学校図書館について書かれた図書があります。また，『バカ発見器』というタイトルの，インターネットや情報化社会について書かれた図書もあります。つまりタイトルと主題がすぐには結びつきにくい図書があるわけですが，「学校図書館」や「インターネット」，「情報化社会」といった件名標目をそれらに付与することによって，主題から検索することが可能になります（＝「学校図書館」や「情報化社会」という主題を検索した場合に，『インフォメーション・パワー』や『バカ発見器』が検索結果に含まれるようになります）。件名標目は，図書館員が思いついた語を自由に用いるのではなく，件名標目表というあらかじめ定められた用語集から適切なものを採用します。

　実際の業務では，ほとんどの図書館は，民間企業や国立国会図書館が作成したデータや，各図書館が作業を分担してつくる巨大なデータベースのデータをコピーして自館の資料に用います。つまり，日々受け入れる資料のすべてについて，ゼロから目録，分類記号，件名標目のデータをつくるわけではありません。ただし地域資料など，その館にしかない資料については独自に目録を作成し，分類記号，件名標目を付与します。

④装備，排架

　③の作業を終えたのち，ラベル（前述の背表紙のラベルのほかに，参考図書や大型本をあらわすラベルなどがありえます）やバーコード（図書館によってはバーコードではなくブックポケットとブックカード，あるいはICタグ）を貼付するなどしたうえで，所定の位置に資料を排架します。

⑤蔵書点検

　テクニカルサービスにはさらに，書庫の整理や資料の修復，資料保存などがありますが，ここでは蔵書点検を紹介します。目録では所蔵していることになっている資料が本当にあるかどうかを確認する業務です。蔵書点検の結果，紛失が判明した資料は除籍します。除籍した資料のうち，必要なものは補充します。資料の紛失以外にも，資料の汚損や破損，排架場所の誤りが蔵書点検によって発見されることがあります。

　蔵書点検を正確に行えば，目録には存在するのに実際の書架にはないという資料がなくなり，利用者の利便性が増します。また，資料の紛失に気づく機会になるので，蔵書点検を行わなかった場合に比べて，図書館は早めに資料を補充できます。

　蔵書点検の頻度は年に1回，図書館を1週間〜2週間休館にして行う場合が多いとされます[29]。また，年ごとに特定の排架場所や分類箇所を順次点検し，数年がかりで実施するケースや，作業エリアのみ利用者立ち入り禁止とし，開館しながら実施する場合もあります。

最近のトピック

　本節では，図書館界の情勢を読者の方々に押さえてもらえるよう，図書館に関する近年の話題を紹介します。専門図書館は種類が多様で，動向を一概に論じることがむずかしいため，それ以外の館種に

29）馬場俊明編著『図書館情報資源概論』3訂版，日本図書館協会，2024年，p. 252-253.

ついて解説します。

　図書館界のトピックにはさまざまなものがあり，本節で取り上げるのは一部にすぎません。より広く学びたい方には，例えば『図書館年鑑』（日本図書館協会，年刊）や，国立国会図書館が運営するカレントアウェアネス・ポータルというウェブサイト[30]をチェックすることをお勧めします。

　以下しばらくは，2016年の本書初版の記述をベースに，データを新しくするなどしたものです。「最近のトピック」というより，すでに「定番のトピック」だと思われるものもありますが，読者の方にとって重要であることに変わりはないので，引き続き掲載します。この改訂版ではさらに，2016年以降の『全国図書館大会記録』や『図書館年鑑』を確認することによって，「最近のトピック」を補います（後述）。

公共図書館：指定管理者制度

　指定管理者制度とは，公の施設の管理について，民間企業やNPO法人など「法人その他の団体」に委任することを認めた制度です（地方自治法244条の2第3項〜11項）。2003年の同法改正で可能になりました。公の施設の管理を委任された団体を指定管理者といいます。本制度によって，公の施設の管理運営に関して，民間企業や地域住民が有する知識・技術を活用することができると期待されました。

30）国立国会図書館．"カレントアウェアネス・ポータル"．https://current.ndl.go.jp/，（参照 2024-01-28）．

32 ｜ 第Ⅰ部　基礎編

ところで，民法上の契約に基づき，図書館の業務（例えば目録作成，資料の装備，資料の貸出・返却など）を民間事業者や団体などに委託することを業務委託と呼びます。指定管理者制度は上記のとおり地方自治法に基づきます。業務委託と指定管理者はこの点でまず異なります。さらに，業務委託では，図書館の決めた仕様書どおりの業務を受託者は行いますが，指定管理者は，図書館の管理運営すべてを企画・実施します。

本制度は地方公共団体が設置する公の施設に適用される制度なので，図書館については公立図書館が対象になります。有名な例には，山梨県山中湖村の山中湖情報創造館（図書館の指定管理者制度の，日本で初の事例）や東京都千代田区立図書館などがあります。音楽・映像ソフトのレンタル・販売などを展開する TSUTAYA の運営で知られるカルチュア・コンビニエンス・クラブ株式会社に，佐賀県武雄市が 2013 年 4 月から図書館の運営を委任したことでも注目を集めています。

文部科学省「社会教育調査」（令和 3 年度。調査は約 3 年ごとに実施）によれば，図書館への指定管理者導入率は 20.9％で，博物館や青少年教育施設などのそれよりは低いです。ただし公民館の指定管理者導入率は 10.7％なので，公民館よりは導入率が高いです [31]。

日本図書館協会が 2007 年以降毎年行っている調査では，指定管理者制度を導入した図書館数は増加を続けており，2021 年度までに全国で 650 の公立図書館が同制度の導入に踏み切っています。設

---

31) 文部科学省．"社会教育調査 - 令和 3 年度結果の概要"．https://www.mext.go.jp/b_menu/toukei/chousa02/shakai/kekka/k_detail/1419659_00001.htm，（参照 2024-01-28）．

置自治体別に見ると都道府県立図書館が8館，市区町村立図書館が642館となっています。「指定管理者の性格」は，民間企業が最も多く528，NPOが37，公社財団が57，その他が28となっています[32]。

　指定管理者制度について，図書館の研究者や実務家，図書館利用者，自治体の政策立案者の間では，賛否両論，さまざまな意見があります。ここでは，読者の方に知ってもらいたい一般的な議論として，本制度のメリットや課題，問題点を整理しておきます。

＜図書館の指定管理者制度のメリット＞
・開館日数や時間の延長，職員における司書有資格者率の増加など，弾力的な図書館運営が可能になる。

　司書有資格者率の増加と書きましたが，ジェネラリストを志向する（＝さまざまな部局を経験させるため，職員を数年で異動させる）日本の公務員文化のなかでは専門職としての司書職が確立しにくいという問題があり，指定管理者を導入することによってそれが解消される，という議論です。ただし，開館日数や時間の延長，職員における司書有資格者率の増加はいずれも，指定管理者制でなく，直営でも可能であるという反論もあります。
・意思決定の迅速化。

　「「ハンコ行政」と酷評されるお役所仕事では，新しい事業を行うにしても数多くの決裁印が必要とされ，あまりにも決定までに

32）日本図書館協会. "図書館における指定管理者制度の導入等の調査について2022（報告）". https://www.jla.or.jp/Portals/0/data/iinkai/seisakukikaku/shiteikanri2022.pdf,（参照2024-01-28）.

34　第I部　基礎編

時間がかかりすぎるが，指定管理者制度によって，館長の迅速な意思決定に基づく図書館サービスの実施が可能となる」という指摘があります[33]。

・経費削減。

　指定管理者制度が創設された背景のひとつに，深刻な財政危機を迎えている地方公共団体にとって，図書館などの公の施設の経費を削減する手段にもなる，という事情があります。図書館の業務委託は，価格競争による入札が行われ，最も安価な金額を提示した事業者が受託することが多いです。一方，指定管理者の選定の場合，団体から事業計画書の提出を受け，計画内容について審査が行われます。この点でも業務委託と指定管理者制度は異なりますが，それでもやはり，経費削減という観点は，一般的にはかかわってきます。

＜図書館の指定管理者制度の課題，問題点＞

・長期的視野に立った人材育成や蔵書構築がむずかしい。

　「指定管理者の指定は，期間を定めて行う」（地方自治法244条の2第5項）となっており，一般的には3年〜5年間の指定期間を設ける場合が多いです。期間満了後，同じ団体が指定される保証はありません。そのような状況では，長期的視点に立った人材育成や蔵書構築がむずかしく，郷土資料（地域資料）に詳しい図書館員の減少も懸念されます。

33）安藤友張編著『図書館制度・経営論：ライブラリー・マネジメントの現在』ミネルヴァ書房，2013年，p. 150.

・民間企業が指定管理者になって図書館利用にポイントカードを導入するケースがあり，そのような場合，利用者の個人情報が守られるか，不安の声がある。

　ただし，個人情報の流出はポイントカード以外のさまざまな要因からも起こるので，上のようなケースは地方公共団体が直営で図書館を管理する場合よりも危険だと断定はできないのではないか，という反論もあります。

・経費削減の代償として，指定管理者になった団体の職員の給与が，正規雇用の公務員よりも低いものになる。なかには，生活していくのが困難と思われるほど低い例もある。そのこと自体問題だが，さらにその結果，優秀な人材が集まりにくくもなる。

　ただし，指定管理者制でなく直営の場合でも非正規雇用の職員の給与は低いので，指定管理者制度だけに限った問題ではない，という反論もあります。

・指定管理者を導入する際の手続きや情報公開のあり方。公募制でない，パブリックコメント（行政機関が意思決定をする前に募る，住民からの意見）を求めない，図書館協議会（住民の要望や意見を図書館の運営に反映するために公立図書館に設けられるもので，図書館法14条〜16条に規定があります）に諮らない，住民に対して詳しい広報活動をしない，といった場合が少なくない。

・指定管理者を導入する以前から雇用していた図書館職員を，本人の意思に反して図書館外に異動させることになる。

大学図書館：電子ジャーナル，オープンアクセス，機関リポジトリ

＜電子ジャーナル＞

　電子ジャーナルは，電子メディア（おもに WWW）で提供される，学術的な内容の雑誌です。印刷版を持つものもあれば，持たないものもあります。購読者のみ利用可能なものも，ウェブ上で誰でも利用できるもの（オープンアクセス誌。詳しくは後述します）も，両方あります。多くは PDF 形式や HTML 形式で提供されます。

　サイトライセンス（購読する電子ジャーナルについて，大学キャンパス内からの自由なアクセスを認める契約のことです。図書館内だけでなく，研究室などからも電子ジャーナルが利用可能になります）によって図書館外から利用可能であることや，閲覧画面上で複数の資料を参照することや全文検索ができるといった利点があり，特に自然科学分野では，電子ジャーナルが学術研究に欠かせない情報資源になっているケースも多いです。

　令和 4 年度「学術情報基盤実態調査」によれば，大学図書館の資料費に占める電子ジャーナル経費は約 46.6％にのぼります[34]。電子ジャーナルがそれだけ重要な学術情報資源に成長したともいえますが，電子ジャーナルの購入費を確保するために図書の購入費が減少しているとの指摘もあり[35]，財政のやりくりは大学図書館の悩みの種です。

---

[34] 文部科学省．"学術情報基盤実態調査（旧大学図書館実態調査）"．https://www.mext.go.jp/b_menu/toukei/chousa01/jouhoukiban/1266792.htm，（参照 2024-01-28）．

＜コンソーシアム＞

図書館コンソーシアム（単にコンソーシアムと略されることが多いです）とは「複数の図書館が協力し合うことによって参加館のメリットを出すことを目的とした組織」[36] のことです。「多摩アカデミックコンソーシアム」や「山手線沿線私立大学図書館コンソーシアム」などの例があります。

電子ジャーナルに関しても，購読契約を出版元やデータベース業者と結ぶにあたり，コンソーシアムが結成されています。電子ジャーナルの価格は年々高騰し，個々の図書館の予算を圧迫しています。契約交渉を各館が個別に行う負担も大きいです。そうした中，共同で出版社と交渉し，より有利な条件で電子ジャーナルを利用しようというわけです。

日本の大学は 2000 年代前半から，国立・私立などの設置者ごと，あるいは同一主題分野の資料を扱う大学同士や近隣の大学同士がコンソーシアムを結成し，海外の各出版社とのビッグディール契約（包括契約，パッケージ契約）を通じて，利用できる電子ジャーナルのタイトル数を拡大してきました。2011 年 4 月には，バックファイル（電子ジャーナルの過去のバックナンバー）を含む電子ジャーナルの確保と恒久的なアクセス保証などを推進するために，国立大学図書館協会コンソーシアム（JANUL コンソーシアム）と公私立大学図書館コンソーシアム（PULC）が統合し，世界でも有数の規模のメガ・コ

35）関川雅彦．"大学図書館の現状と課題"．平成 25 年度大学図書館職員短期研修．https://contents.nii.ac.jp/sites/default/files/2020-02/lib-01t_1.pdf,（参照 2024-01-28）.

36）日本図書館協会用語委員会編『図書館用語集』4 訂版，日本図書館協会，2013 年，p. 94.

38 ｜ 第 I 部　基礎編

ンソーシアムといえる，大学図書館コンソーシアム連合（JUSTICE）
が発足しました。

＜オープンアクセス＞

　オープンアクセス（略称：OA）とは，学術情報（特に学術雑誌掲載
論文）を，インターネット上で無料で閲覧可能な状態に置くことで
す。インターネットの普及を背景に，1990年代後半からオープン
アクセス化を広げようとする運動が活発になりました。

　公的資金を受けた研究成果のオープンアクセス化は世界的な流れ
になってもいます。例えば米国では2007年12月，米国国立衛生研
究所（National Institutes of Health: NIH）から予算を受けて行った研究の
成果は，NIHのデジタルアーカイブであるPubMed Central（PMC）
へ，発表後12か月以内に提出し，公衆が無料でアクセスできる状
態にしなければならない，ということが法律で義務化されました。
公的資金による研究成果のオープンアクセス化は，資金と研究成果
の透明性の確保や，国民に対する研究成果の普及に貢献します。

　オープンアクセス化のための運動が活発になったことには次の背
景があります。国内外の大学図書館は1980年代から，雑誌価格が
大学側の購買力を超えて上昇し，その結果購読がキャンセルされる。
そして購読数の減少がさらなる価格上昇を招く，という悪循環が生
まれる事態（学術雑誌の危機）に悩まされてきました。

　学術雑誌の危機や，学術雑誌の出版が少数の大手商業出版社によ
る寡占状態にあること（学術雑誌の危機の要因ともみなされていました）
に対抗し，オープンな学術コミュニケーションのしくみをつくり出
すべく，1998年，北米の研究図書館協会（Association of Research Libraries:

ARL）が SPARC（Scholarly Publishing and Academic Resources Coalition）を創設しました。この動きはヨーロッパにも広がり（SPARC Europe），日本でも 2003 年，国立情報学研究所が主体となり，オープンアクセスなどの推進に取り組む事業として，SPARC Japan（国際学術情報流通基盤整備事業）が開始されました。

また，2002 年，ブダペストオープンアクセス運動（Budapest Open Access Initiative. BOAI）が宣言（ブダペスト宣言）を提唱し，オープンアクセス誌と研究者によるセルフアーカイビングという 2 つの戦略を推奨しました。

<オープンアクセス誌>

従来の学術雑誌は，基本的に，購読者しか読むことができません（図書館にある学術雑誌は，図書館利用者なら誰でも読めるでしょうが，図書館が購読者です。その図書館を利用できない人は読めません。よって，例えば大規模大学の研究者とそれ以外の研究者の間に，研究環境の格差が生じえます）。購読料や学会の会費によって，商業出版社や学会が経営・運営を成立させ，学術雑誌を発行します。

一方オープンアクセス誌は，著者が投稿料や掲載料を支払い，運営を成立させます。読む側は無料です [37]。

---

37) ただし，構図を分かりやすくするために本文のように書きましたが，①従来の学術雑誌にも投稿料や掲載料が必要な場合があり，また，オープンアクセス誌も学会や大学が資金を拠出したり，寄付を受ける場合があります。②本文の 2 つでいえば「従来の学術雑誌」に相当するものでも，発行から一定期間（embargo，エンバーゴ）後に掲載論文をインターネット上に公開するものや，機関リポジトリ（後述）に掲載論文を著者が登録することを認めているものもあります。

オープンアクセスの査読つき学術雑誌として有名なものとして，例えば，非営利の出版社である PLOS（Public Library of Science）が刊行している *PLOS Biology* や *PLOS ONE* があります。

＜セルフアーカイビング，機関リポジトリ＞

セルフアーカイビングとは，学術雑誌掲載論文などを，著者個人や所属大学などのウェブサイトで蓄積・公開することです。現在，多くの大学が機関リポジトリ（institutional repository. 学術機関リポジトリなどとも）というシステムを用意しています。

機関リポジトリとは，大学などの研究機関が，教育・研究の成果物（学術情報，学術情報資源などとも呼ばれます）をデジタル形式で収集・組織化・保存および発信するためにサーバを設け，インターネットを通じて公開するシステムです。教育・研究の成果物の例には，所属教員や大学院生などによる学術雑誌掲載論文（査読を経ていない状態の版（プレプリント），査読を経た状態の版（ポストプリント）のいずれも含む）や学位論文，紀要，学会発表資料，調査報告書，講演資料，講義資料などがあります。多くの場合，機関の附属図書館が運用を担当します。

機関リポジトリの効果として，学術情報のオープンアクセス化に貢献すること，機関の教育・研究成果がまとまって公開され，分かりやすくなること，講義資料などの失われやすいコンテンツの保存が可能になること，などが挙げられます。つまりオープンアクセス運動への貢献だけでなく，機関の教育・研究成果の視認性の向上や学術情報のアーカイブといった機能をも，機関リポジトリは担います。

わが国では，国立情報学研究所が「学術機関リポジトリ構築連携支援事業」を開始し，大学などの各機関における機関リポジトリの構築とその連携を支援しています。国内の各大学や研究所などの機関リポジトリをリスト化しているウェブページもあります[38]。理解を深めるために，（あれば）母校の機関リポジトリなど，複数のものを実際にいろいろ操作してみるとよいでしょう。

また，国立情報学研究所は，国内の機関リポジトリに蓄積された学術情報を横断的に検索できる学術機関リポジトリデータベース（Institutional Repositories Database. IRDB）というサービスや，機関リポジトリを新たに構築する機関をおもな対象に，共用リポジトリのシステム環境を提供し，運用を支援する JAIRO Cloud（共用リポジトリサービス）を運用しています。

機関リポジトリの構築（公開）大学数は年を追うごとに増加しており，令和4年度「学術情報基盤実態調査」によれば，国立大学に限っていえば，すべての大学で機関リポジトリを構築（公開）しています[39]。

大学図書館に関する最近のトピックにはほかに，ラーニングコモンズなどもあります。それらについては「若手図書館員へのインタビュー」や本書第Ⅱ部の寄稿をぜひお読みください。

38）IRDB．"機関リポジトリ一覧"．https://irdb.nii.ac.jp/repositorylist，（参照 2024-01-28）．
　　jpcoar．"会員"．https://jpcoar.repo.nii.ac.jp/page/40，（参照 2024-01-28）．
39）文部科学省．"学術情報基盤実態調査（旧大学図書館実態調査）"．https://www.mext.go.jp/b_menu/toukei/chousa01/jouhoukiban/1266792.htm，（参照 2024-01-28）．

42　第Ⅰ部　基礎編

学校図書館：学校司書の法制化

　学校への司書教諭の配置が義務でなかった頃から（1997 年に学校図書館法が改正され，2003 年度から義務化されました），学校図書館の仕事を担当する事務職員が置かれる場合があり，その職員を学校司書と呼ぶようになっていました。学校図書館の運営に重要な役割を果たしていましたが，学校図書館法に何の規定もありませんでした。

　2014 年 6 月，学校図書館法の一部を改正する法律が成立し，学校司書が初めて法律上に位置づけられました（施行は 2015 年 4 月）。改正学校図書館法では，改正前の 6 条，7 条がそれぞれ 7 条，8 条となり，新たに 6 条が設けられ，「専ら学校図書館の職務に従事する職員（次項において「学校司書」という。）を置くよう努めなければならない」（1 項），「国及び地方公共団体は，学校司書の資質の向上を図るため，研修の実施その他の必要な措置を講ずるよう努めなければならない」（2 項）といった規定が加わりました。学校司書を「置くよう努めなければならない」という規定であり，各学校に必置とまではなっていませんが，進展であるといえます。

　また，学校司書の職務が専門的知識・技能を必要とするものであることにかんがみ，学校司書の資格や養成のあり方を国が検討し，必要な措置を講ずることも附則で定めています。学校司書に関心のある読者の方は，今後の動向に注意してください。本書第 I 部第 2 章「図書館員になるには」も参照してください。

　なお，衆議院で 6 項目，参議院で 7 項目にわたる附帯決議がなされました[40]。共通する要素を抽出すれば，おおむね次のとおりです。

第 1 章　図書館，図書館員，図書館員の仕事　43

・政府および地方公共団体は，現在の学校司書の配置水準を下げないこと。

・政府は，学校司書の配置の促進のために現在講じられている措置の充実に努めるとともに，地方公共団体に対し，その趣旨を周知すること。

・政府および地方公共団体は，学校司書が継続的・安定的に職務に従事できる環境の整備に努めること。

・政府は，学校司書の職のあり方や，配置の促進や資質の向上のために必要な措置などについて，検討を行うこと。

・政府および地方公共団体は，11学級以下の学校における司書教諭の配置の促進を図ること。

・政府は，司書教諭および学校司書の職務のあり方について，実態を踏まえ検討を行うこと。

国立国会図書館：電子図書館機能の推進

　国立国会図書館が，電子的に流通する情報の収集や，資料のデジタル化，インターネット提供を推進しています。

＜電子的に流通する情報の収集＞
　電子的に流通する情報の収集を国立国会図書館が行うための法整備が，国立国会図書館法において進められてきました（以下，「11章の2」などは同法のものです）。

40）附帯決議は，国会の委員会の意見や希望を表明するもので，法的拘束力を有するものではありません。

同館は，国立国会図書館法の納本制度に関する規定を 2000 年に改正し，CD や DVD などのパッケージ系電子出版物を同年から収集しています。

　また，国内で発信されるインターネット情報を対象に，発信者から個別に許諾を得て収集する「国立国会図書館インターネット情報選択的蓄積事業（WARP）」を 2002 年から実施していました。その後，公的機関が発信するインターネット情報を国立国会図書館が収集・保存することを可能にする 2009 年の法改正により，翌 2010 年度から「国立国会図書館インターネット資料収集保存事業」と事業名を改称し，公的機関のウェブサイトの網羅的な収集を開始しました（11 章の 2）。

　さらに，2012 年の法改正で，公的機関以外の者がインターネットなどにより利用可能としている情報のうち，図書，逐次刊行物に相当するもの（電子書籍）について，国立国会図書館への送信などを納本制度に準じて義務づけました（11 章の 3）。「オンライン資料収集制度（e デポ）」と名づけられ，2013 年から施行されています。従来は，無償かつ DRM（Digital Rights Management System. 技術的制限手段）が付されていないもののみを対象にしていましたが，2023 年 1 月から，有償又は DRM が付されたもの（有償等オンライン資料）についても収集を開始しました。

＜資料のデジタル化，インターネット提供＞

　著作権法においても，国立国会図書館が資料のデジタル化，インターネット提供を推進するための制度の整備が進んでいます（以下，条文は同法のものです）。

第 1 章　図書館，図書館員，図書館員の仕事　45

同館では，図書館資料の原本を公衆の利用に供することによる滅失，損傷，汚損を避けるために原本に代えて提供するため，または下記31条7項，8項の規定により絶版等資料をデジタル配信するため，資料をデジタル化することができます（31条6項）。同館がデジタル化した資料は，図書や雑誌，古典籍雑誌，博士論文など，計370万点にのぼります（2023年12月時点）[41]。館内に設置した端末を用いて，デジタル化資料の閲覧と複写を利用者に提供しています。

　さらに，2012年の法改正で，国立国会図書館による，著作物の複製物の自動公衆送信に関する規定（現31条7項）が加わりました。図書館などで閲覧させることを目的とする場合には，同館がデジタル化した資料のうち，絶版等資料に限り，図書館などに対してデジタルデータを送信できるようになりました。一定範囲のプリントアウトを提供することも認めています。この規定によって，資料の原本の借り出しや複写取り寄せといったやり方によるよりも，国立国会図書館の資料に国民がアクセスしやすくなりました。

　本規定に基づくサービスは「図書館向けデジタル化資料送信サービス」と名づけられ，2014年1月に始まりました。国立国会図書館がデジタル化した資料のうちの絶版等資料，約181万点の資料が利用可能です（2023年10月時点）[42]。全国の図書館などは，自動的にサービスを利用できるのではなく，登録が必要です。サービス開

41）国立国会図書館．"資料デジタル化について"．https://www.ndl.go.jp/jp/preservation/digitization/index.html，（参照 2024-02-28）．

42）国立国会図書館．"図書館向けデジタル化資料送信サービス"．https://www.ndl.go.jp/jp/use/digital_transmission/index.html，（参照 2024-01-28）．

始以降，各地の図書館などが参加を表明しており，2024 年 2 月 1 日時点で参加館は 1,439 にのぼっています[43]）。

　なお，同館がデジタル化した資料のうち，著作権保護期間が満了したことを確認できたもの，著作権者から許諾を得たもの，著作権者が不明で文化庁長官の裁定[44]）を受けたものは，インターネット上で公開しています。

　以上は，2016 年の本書初版の記述です（状況が変化した箇所は加筆修正し，データも新しいものに差し替えました）。この改訂版執筆時点では，事態はさらに進展しています。

　「著作権法の一部を改正する法律」が，第 204 回通常国会において 2021 年 5 月に成立し，同年 6 月に公布されました。「国立国会図書館による絶版等資料のインターネット送信に関する措置」（31 条 8 項〜 11 項。2022 年 5 月施行）と「各図書館等による図書館資料の公衆送信に関する措置」（31 条 2 項〜 5 項。2023 年 6 月施行）について定めたものです。

　前者は，国立国会図書館が，絶版などの理由により入手困難な資料（特定絶版等資料。現在は絶版等資料であっても，近い将来に復刻などによって絶版等資料ではなくなる予定があるものを除いたもの）のデータを，図書館などだけでなく，利用者に対しても直接送信できることを規定しました。この規定により，あらかじめ ID・パスワードを登録した利用者は，「図書館向けデジタル化資料送信サービス」参

43）国立国会図書館．"図書館向けデジタル化資料送信サービス参加館一覧"．https://dl.ndl.go.jp/ja/soshin_librarylist，（参照 2024-02-28）．

44）簡潔に説明すると，著作権者を探し出す努力を尽くしてそれでも見つからない場合に，文化庁に申請して利用許可を出してもらう，という方法です（著作権法第 2 章第 8 節「裁定による著作物の利用」）。

第 1 章　図書館，図書館員，図書館員の仕事 ｜ 47

加館に来館せずとも，国立国会図書館のウェブサイト上で資料を閲覧できるようになり，利便性が増しました。利用者側では，自分で利用するために必要な複製や，非営利・無料などの要件のもとでの公の伝達（ディスプレイなどを用いて公衆に見せること）が可能です。

　後者は，国立国会図書館や公共図書館，大学図書館などが，従来の複写サービスに加え，一定の条件（正規の電子出版などの市場を阻害しないこと，データの流出防止措置を講じること，業務の責任者を置き，業務に従事する職員への研修を行うことなど）のもと，調査研究目的で，著作物の一部分（政令で定める場合には全部）をメールなどで利用者に送信できること（利用者は事前に氏名や連絡先の登録が必要），その際，メールを受信した利用者は，調査研究目的での複製が可能であることや，図書館の設置者が権利者に補償金を支払うことなどを規定しました。補償金については104条の10の2から104条の10の8で定めています。

　手短にいえば，これらは「インターネットを通じた図書館資料へのアクセスの向上」であり，従来から必要性が指摘されていたものです。新型コロナウイルス感染症の流行に伴い図書館が休館したことなどが要因になり，立法化されました。

　昭和生まれの筆者などは，図書館サービスもここまで進んだかと感じてしまうのですが，若い方は，一般的なほかのインターネットサービスが当然行っているような水準に近づいただけだと考えるかもしれません。読者の方はどう思われるでしょうか。

本書初版（2016年3月）以降の動向

　日本の図書館を代表する総合的な全国組織である日本図書館協会が「全国図書館大会」を毎年おおよそ 10 月〜 11 月頃に開催しています。その大会記録が翌年 3 月に発行されるのが慣例になっています [45]。大会記録には理事長による基調報告が載っており，1 年の間に目立ったトピックを紹介するなどしています。

　同様に，毎年発行される日本図書館協会の『図書館年鑑』にも，「図書館概況総説」をはじめ，注目すべき話題が紹介されています。

　本書初版以降のそれらを見ると，例えば，次のような話題に言及しています [46]。

・障害を理由とする差別の解消の推進に関する法律（略称：障害者差別解消法）の施行や，マラケシュ条約（盲人，視覚障害者その他の印刷物の判読に障害のある者が発行された著作物を利用する機会を促進するためのマラケシュ条約）への加入，視覚障害者等の読書環境の整備の推進に関する法律（通称：読書バリアフリー法）の制定などと，図書館における障害者サービス

45）全国図書館大会実行委員会編『全国図書館大会記録』年刊．（近年は，編者やタイトルの途中に大会名が入るなどします。例：第 108 回全国図書館大会群馬大会実行委員会編『第 108 回全国図書館大会群馬大会記録』）

46）本書のメインターゲットは現役の図書館員（図書館員にもうなった人）でなく，これからめざす人です。そのため，詳細な情報をどこまで紹介するか，やや迷うところですが，日本図書館協会の機関誌『図書館雑誌』が毎年，「トピックスで追う図書館とその周辺」という特集を組むのが恒例になってもいます。他団体の雑誌でも同様の企画が行われる場合があります。

第 1 章　図書館，図書館員，図書館員の仕事　49

・地域の自主性及び自立性を高めるための改革の推進を図るための関係法律の整備に関する法律（通称：第9次地方分権一括法，第9次一括法など）に伴う，社会教育法や図書館法などの改正。公立図書館に関する事務を教育委員会から首長部局へ移管すること（管轄を変えること）が可能になりました[47]。

・災害時・コロナ禍における図書館の取り組み・対応

・「頭ごなしの禁止の禁止」（館内の飲み物可，写真撮影可，発言可とする図書館の登場など）

・上の国立国会図書館の項で述べた，著作権法の改正

47）詳細は，次の拙稿も参考にしてください。
　　後藤敏行「図書館法，著作権法等の改正と図書館」『現代の図書館』2019年，vol. 57, no. 3, p. 176-183. https://jwu.repo.nii.ac.jp/records/3241, （参照 2024-01-28）.

第2章　図書館員になるには

　本章では，図書館員になるためにはどうすればよいかに関して，「資格取得の方法」と「図書館に就職するには」という2つの節に分けて解説します。「インターンシップ」と「図書館員の待遇」というコラムも設けました。

　以下は概略であり，2024年1月時点の情報を整理したものです。将来，法令や各図書館の採用方法は改正・変更される可能性がありますので，図書館員をめざすにあたっては，法改正の動向に留意し，各自治体や機関の公式発表を必ず確認してください。

資格取得の方法

　以下，司書[1]や司書補，司書教諭，学校司書になるための資格の取り方を解説します。

司書，司書補

　司書および司書補の資格について，図書館法5条は表1のとおり定めています。

1）国会職員法（第1章「司書，司書補，司書教諭，学校司書」をお読みください）でなく，図書館法でいう司書について以下解説します。

表1　司書および司書補の資格に関する図書館法5条の規定

（司書及び司書補の資格）
第五条　次の各号のいずれかに該当する者は，司書となる資格を有する。
一　大学を卒業した者で大学において文部科学省令で定める図書館に関する科目を履修したもの
二　大学又は高等専門学校を卒業した者で次条の規定による司書の講習を修了したもの
三　次に掲げる職にあつた期間が通算して三年以上になる者で次条の規定による司書の講習を修了したもの
イ　司書補の職
ロ　国立国会図書館又は大学若しくは高等専門学校の附属図書館における職で司書補の職に相当するもの
ハ　ロに掲げるもののほか，官公署，学校又は社会教育施設における職で社会教育主事，学芸員その他の司書補の職と同等以上の職として文部科学大臣が指定するもの
2　次の各号のいずれかに該当する者は，司書補となる資格を有する。
一　司書の資格を有する者
二　学校教育法（昭和二十二年法律第二十六号）第九十条第一項の規定により大学に入学することのできる者で次条の規定による司書補の講習を修了したもの

　要約すれば，司書になるための資格（以下「司書資格」）の取り方は次の2つに大別できることになります。

①大学を卒業し，かつ，文部科学省令で定める図書館に関する科目を履修する

②大学または高等専門学校を卒業するなどし，かつ，司書の講習を修了する[2]

---

2)「卒業するなど」と書きましたが，「など」とは，表1中の5条1項3号「次に掲げる職にあつた期間が通算して三年以上になる者で〜」をお読みください。

また，司書補になるための資格（以下「司書補資格」）の取り方には次の2つがあることになります。

③司書資格を有する

④学校教育法90条1項の規定に基づく大学入学資格があり，かつ，司書補の講習を修了する

　上のうち，③については長い説明はいらないでしょうから（司書資格があれば司書補資格もあることになる，ということです），そのほかの①，②，④について以下で解説します。

①大学を卒業し，かつ，文部科学省令で定める図書館に関する科目を履修する

　文部科学省令である図書館法施行規則1条が「図書館に関する科目」として，必修科目（甲群）11科目，選択科目（乙群）7科目中2科目以上の単位を修得しなければならないと，表2のとおり定めています。

　表2の科目は，基礎科目（生涯学習概論，図書館概論，図書館制度・経営論，図書館情報技術論），図書館サービスに関する科目（図書館サービス概論，情報サービス論，児童サービス論，情報サービス演習），図書館情報資源に関する科目（図書館情報資源概論，情報資源組織論，情報資源組織演習），選択科目の4つに分類できます。各区分のなかでも基本的なものと位置づけられる科目が「概論」であり，その下に，講義を主体とする「論」，演習を主体とする「演習」が置かれています[3]。

　選択科目7科目は，すべての科目がすべての大学で開講されてい

第2章　図書館員になるには　53

表2 図書館法施行規則における図書館に関する科目

甲群	
科目	単位数
生涯学習概論	2
図書館概論	2
図書館制度・経営論	2
図書館情報技術論	2
図書館サービス概論	2
情報サービス論	2
児童サービス論	2
情報サービス演習	2
図書館情報資源概論	2
情報資源組織論	2
情報資源組織演習	2

乙群	
科目	単位数
図書館基礎特論	1
図書館サービス特論	1
図書館情報資源特論	1
図書・図書館史	1
図書館施設論	1
図書館総合演習	1
図書館実習	1

るわけではなく、どれを開講するかは大学によって異なります。例えば、ある大学では図書・図書館史を開講しているが別の大学ではそうではない、といったケースがあります。

図書館法施行規則は過去に複数回改正されています。社会の要請や時代の変化に応じて、現行の科目構成もいずれまた改正されるものと思われます。

「大学を卒業し、かつ、文部科学省令で定める図書館に関する科目を履修する」と書きました。たしかに、大学（短期大学も含みます）を卒業後、母校や他大学の科目等履修生になって図書館に関す

3）文部科学省．"司書資格取得のために大学において履修すべき図書館に関する科目の在り方について（報告）"．https://www.mext.go.jp/b_menu/shingi/chousa/shougai/019/gaiyou/1243330.htm,（参照 2024-01-28）.

る科目を履修することもできるでしょう4)。通信教育を行っている
大学ならば，社会人として働きながら履修することもできます5)。

　一方，図書館に関する科目を開講している大学に入学し，在学中
に履修することもできます。各科目の履修を終え，その大学を卒業
すれば①の条件を満たします。

　図書館に関する科目を開講している大学には大きく分けて3つあ
ります。あらかじめ補足しておくと，「歴史と伝統が特にある」と
いうこともあり，ひとつめの大学群を本書では挙げます。ですが，
2つめの大学群にも，どの学年でどのような科目を学んでいくかの
履修モデル（ネット上に掲載されている場合があります）を見ると，図
書館情報学を主専攻として学べると言ってよいのではと感じる例が
あります。2つめと3つめの大学群も区別がむずかしい面がありま
す（どちらに分類すべきか迷うケースがあります）。そのため，以下の3
グループは，便宜的な分類である側面もあります。

　ひとつめは，文学や哲学，歴史学，その他さまざまな分野のいず
れかを専攻するのと同様に，図書館情報学（図書館や図書館資料・情
報に関するさまざまな側面を考究する学問）を主専攻として学べる大学
です。図書館情報学を主専攻にし，かつ，司書資格を取得すること

---

4) 科目等履修生の受け入れ状況は大学によって異なります。例えば，在学
　生の履修者数が多く，その教育で手いっぱいなため科目等履修生は受け入
　れていない，受け入れているが卒業生に限る，といったケースもあります。
5) 文部科学省のウェブサイトには，通信課程設置大学（2023年4月時点）
　が掲載されています。入学や履修上の条件，注意点などは，各大学の入学
　案内などをよく確認してください。
　文部科学省．"司書養成科目開講大学一覧"．https://www.mext.go.jp/a_
　menu/shougai/gakugei/shisyo/mext_01602.html,（参照2024-01-28）.

第2章　図書館員になるには　55

ができます。そうした大学には以下があります。前者は，文部省図書館員教習所（日本初の常設の司書養成機関，東京美術学校校内。1921年）を起原とし，後者は，米国の援助のもと，日本で最初の大学における図書館員養成機関として1951年に設立された図書館学科を前身としています。

・筑波大学 情報学群 知識情報・図書館学類
・慶應義塾大学 文学部 人文社会学科 図書館・情報学系

　2つめは，すでに述べたように，上記のひとつめや，下記で述べる3つめの大学群と区別がむずかしい面もありますが，学科のなかに図書館情報学を重視するコースや講座，専攻などがある大学です。そうした大学には以下があります。

・東京学芸大学 教育学部 教育支援課程 教育支援専攻 生涯学習・文化遺産教育コース
・東京大学 教育学部 総合教育科学科 教育社会科学専修 教育実践・政策学コース
・京都大学 教育学部 教育科学科 相関教育システム論系
・駿河台大学 メディア情報学部 メディア情報学科 情報・図書館コース
・聖徳大学 文学部 文学科 図書館情報コース
・青山学院大学 教育人間科学部 教育学科 教育情報・メディアコース
・中央大学 文学部 人文社会学科 社会情報学専攻
・鶴見大学 文学部 ドキュメンテーション学科
・愛知大学 文学部 人文社会学科 現代文化コース 図書館情報学専攻

3つめは，図書館に関する科目を，ほかに専攻を持ちつつ履修できる大学です。主専攻を学ぶのと同時進行で教員免許や学芸員などの資格を取ることができるのと同様のしくみです。図書館に関する科目群やカリキュラムは「司書課程」と呼ばれることが多いです。ただし同じ大学内でも，学部学科ごとにカリキュラムが異なり，司書課程が履修できたりできなかったりする場合があります。ある大学のある学科では司書課程を履修できるが，同じ大学の別の学科では時間割の都合上履修できない，のようなケースです。本書の読者で，司書資格取得を希望する受験生の方はその点を事前に確認し，志望先を検討しましょう。

　なお，上に述べた3つめの大学のなかにも，図書館に関連するゼミを開講していたり，卒業論文を書くことができる（＝司書課程の教員がゼミや卒業論文指導も担当している）場合があります。研究・教育面での実力・熱意が高い教員を擁する大学も多いです。つまり，2つめと3つめの大学群は区別がむずかしい部分があります。後者のなかにも，自分に合った進学先を選べば，司書資格を取るにとどまらず図書館情報学をかなりの程度学ぶことができるケースはあります。進学先を検討中の読者の方は，大学の入学案内やウェブサイトなどをよく確認してください。

　図書館に関する科目を開講している大学数（2023年4月時点）として，文部科学省のウェブサイトには，4年制大学，短期大学（部）合わせて193校が掲載されています[6]。今後変動がある可能性もあ

6）文部科学省．"司書養成科目開講大学一覧"．https://www.mext.go.jp/a_menu/shougai/gakugei/shisyo/mext_01602.html，（参照 2024-01-28）．

第2章　図書館員になるには　｜　57

りますし[7]，「ある4年制大学は，その大学自体は図書館に関する科目を開講していない。一方，同じ学校法人が併設している短期大学でそれらを開講している。4年制大学の学生は，科目等履修生として短期大学の科目を履修できる」のようなケースもあります。志望先で図書館に関する科目を履修できるか，大学の入学案内やウェブサイトなどで確認しましょう。

②大学または高等専門学校を卒業するなどし，かつ，司書の講習を修了する
④学校教育法90条1項の規定に基づく大学入学資格があり，かつ，司書補の講習を修了する

　司書および司書補の講習（それぞれ以下「司書講習」，「司書補講習」）については，図書館法6条および図書館法施行規則2条～11条が規定しています。それぞれの講習は，文部科学大臣の委嘱を受けた大学が，例年夏季を中心に開設しています。

　司書講習の受講資格者は，要約すれば次のとおりです。一方司書補講習の受講資格者は，学校教育法90条1項の規定に基づく大学入学資格があること，となっています。

・大学に2年以上在学し62単位以上を修得した者，または高等専門学校などを卒業した者
・司書補，国立国会図書館や大学図書館において司書補に相当する

7）上に述べた3つのグループ自体が将来変化する可能性も否定できません。例えば，現在は2つめの大学群に位置しているが，学部学科の再編などで3つめの大学群に属することになるといったケースです。また，学部学科，コースなどの名称が変更になる可能性もあります。

もの，その他司書補と同等以上として文部科学大臣が指定する職にあった期間が通算2年以上になる者

　上の条件を満たせば，司書講習の受講は大学在学中でも認められます。ただし上記②のとおり，司書資格を有すると認められるのは，あくまで大学または高等専門学校を卒業するなどしたのちです。

　司書講習の科目構成は，上記①の図書館に関する科目と同様です。司書補講習は，より基本的な事項に的を絞った科目構成になっています。

　「令和5年度司書及び司書補の講習実施大学一覧」として，文部科学省のウェブサイトには5校が掲載されています[8]。この5校のほかにも，開講する場合が多いが開講しない年度もある，という大学もあり，毎年変動があると思われます。

　以上，司書講習，司書補講習の受講資格などについて説明しました。しかし実際は，さらに細かい点についての規定もあります。司書講習，司書補講習を開講している大学ごとに，詳しい案内を作成して受講者を募集しています。近い将来の受講を考えている読者の方は，希望する大学の受講案内を熟読のうえ，準備や手続きを進めてください。

8）文部科学省．"令和5年度司書及び司書補の講習について"．https://www.mext.go.jp/a_menu/shougai/gakugei/shisyo/mext_01266.html，（参照 2024-01-28）．

司書教諭

　司書教諭になるための資格（以下「司書教諭資格」）を取得するためには，文部科学大臣の委嘱を受けて大学などが行う司書教諭講習を修了するか，あるいは，司書教諭講習科目に相当する科目の単位を大学で修得しなければなりません。また，「司書教諭は，主幹教諭（養護又は栄養の指導及び管理をつかさどる主幹教諭を除く。），指導教諭又は教諭［中略］をもつて充てる」（学校図書館法5条2項）という規定があるため，これに該当する教諭の免許状を有する必要もあります。学校図書館法の「学校図書館」とは，小学校，中学校，高等学校（義務教育学校，中等教育学校，特別支援学校の小学部，中学部，高等部を含む）に設けられるものを指すので，幼稚園教諭の免許状は含まれません。

　要約すれば，該当する教諭の免許状を有し，かつ，次の2つの方法のいずれかで司書教諭講習科目（に相当する科目）の単位を修得した人が，司書教諭資格を得ることができます。

①大学などが文部科学大臣の委嘱を受けて行う司書教諭講習を修了する

②司書教諭講習科目に相当する科目の単位を大学で修得する

　以下，①，②それぞれについて解説します。

①大学などが文部科学大臣の委嘱を受けて行う司書教諭講習を修了する

表3　履修すべき科目，単位数，ねらい[9]

科目	単位数	ねらい
学校経営と学校図書館	2	学校図書館の教育的意義や経営など全般的事項についての理解を図る
学校図書館メディアの構成	2	学校図書館メディアの構成に関する理解及び実務能力の育成を図る
学習指導と学校図書館	2	学習指導における学校図書館メディア活用についての理解を図る
読書と豊かな人間性	2	児童生徒の発達段階に応じた読書教育の理念と方法の理解を図る
情報メディアの活用	2	学校図書館における多様な情報メディアの特性と活用方法の理解を図る

　司書教諭講習については，文部科学省令である学校図書館司書教諭講習規程が履修すべき科目などを定めています。科目と単位数，各科目のねらいを表3に整理します。

　講習の受講資格は，教育職員免許法に定める小学校，中学校，高等学校もしくは特別支援学校の教諭の免許状を有する者，または大学に2年以上在学する学生で62単位以上を修得した者とされています（学校図書館司書教諭講習規程2条）。教諭の免許状を取得後に働きながら受講することも，大学在学中に受講することも，制度上は両方できるわけです。

9）学校図書館司書教諭講習規程3条.
　　文部科学省. "学校図書館司書教諭講習規程の一部を改正する省令について（通知）". https://www.mext.go.jp/a_menu/shotou/dokusho/link/1327076.htm,（参照 2024-01-28）.
　　文部科学省. "（別紙2）司書教諭の講習科目のねらいと内容". https://www.mext.go.jp/a_menu/shotou/dokusho/link/1327211.htm,（参照 2024-01-28）.

第2章　図書館員になるには　　61

講習は，文部科学大臣の委嘱を受けた大学などが，例年夏季を中心に開設しています。実施機関（2023 年度）として，文部科学省のウェブサイトには 33 の大学などが掲載されています[10]。

　司書講習，司書補講習と同様，司書教諭講習を開講している大学ごとに，詳しい案内を作成して受講者を募集しています。近い将来の受講を考えている読者の方は，希望する大学の受講案内を熟読のうえ，準備や手続きを進めてください。

②司書教諭講習科目に相当する科目の単位を大学で修得する

　司書教諭講習科目に相当する科目を開講している大学も多数あります。在学中に各科目の履修を終え，該当する教諭の免許状も取得してその大学を卒業すれば，司書教諭資格を取ることができます。大学を卒業後，母校や他大学の科目等履修生になってこれらの科目を履修することもできるでしょう[11]。通信教育を行っている大学ならば，社会人として働きながら履修することもできます[12]。以上の事情は，司書資格の取得のところで述べたことと似ています。

　以下の事情も司書資格の取得と同様です。図書館情報学を主専攻

---

10) 文部科学省．"学校図書館司書教諭講習実施要項（令和 5 年度）"．https://www.mext.go.jp/a_menu/shotou/dokusho/sisyo/mext_00005.html，（参照 2024-01-28）．

11) 図書館に関する科目の場合と同様，科目等履修生の受け入れ状況は大学によって異なります。例えば，在学生の履修者数が多く，その教育で手いっぱいなため科目等履修生は受け入れていない，受け入れているが卒業生に限る，といったケースもあります。

12) 注 13 に示すウェブページだけでは分かりづらいので（通信教育を行っていることが明示されていない場合があり，そもそも，もうだいぶ前の情報なので），「司書教諭 通信」などのキーワードでインターネット検索し，通信教育を行っている大学を調べることをお勧めします。

として学べ（または学科のなかに図書館情報学を重視するコースや講座，専攻などがあり），かつ，司書教諭資格を取得することができる大学があります。司書教諭講習科目に相当する科目を，ほかに専攻を持ちつつ履修できる大学もあります。科目群は「司書教諭課程」と呼ばれることが多いです。

司書教諭講習科目に相当する科目を開設している大学数（2016年度）として，文部科学省のウェブサイトには，4年制大学，短期大学（部）合わせて227校が掲載されています[13]。すべての科目を毎年開講するのでなく，隔年などで開講する場合があります。開設校は今後変動する可能性もありますし，「ある4年制大学は，その大学自体は司書教諭講習科目に相当する科目を開講していない。一方，同じ学校法人が併設している短期大学でそれらを開講している。4年制大学の学生は，科目等履修生として短期大学の科目を履修できる」のようなケースもあります。司書教諭講習科目に相当する科目を志望先で履修できるか，その大学の入学案内やウェブサイトなどで確認しましょう。

次の諸点にも注意が必要です。まず，同じ大学内でも，学部学科ごとにカリキュラムが異なり，司書教諭講習科目に相当する科目が履修できたりできなかったりする場合があります。ある大学のある学科では司書教諭講習科目に相当する科目を履修できるが，同じ大学の別の学科では時間割の都合上履修できない，のようなケースです。

---

13) 文部科学省．"学校図書館司書教諭講習科目に相当する授業科目について"．https://www.mext.go.jp/a_menu/shotou/dokusho/sisyo/1349638.htm,（参照 2024-01-28）．

また，図書館に関する科目を開講している大学（注6）と司書教諭講習科目に相当する科目を開講している大学（注13）を照らし合わせてみると，どちらか一方の科目だけを開講している大学もあれば，両方の科目を開講している大学もあることが分かります。しかし，司書資格と司書教諭資格の両方への道をひらいていても，時間割の都合上どちらかしか履修できないケースがあります。司書教諭資格を取るということは教職課程も履修することを意味しますので，司書資格＋司書教諭資格＋教員免許の3つをねらうと，科目が増えて在学中に取りきれなくなる場合があるのです。図書館（特に学校図書館）を理解するうえでは上の3つを取得することは意義があるとされているのですが。

本書の読者で，資格取得を希望する受験生の方は以上の諸点を事前に確認し，進学先を検討しましょう。

学校司書

学校司書の資格・養成などのあり方について一定の指針を得るために，2015年に設置された「学校図書館の整備充実に関する調査研究協力者会議」は，『これからの学校図書館の整備充実について（報告）』（2016年）[14]で，学校司書が学校図書館で職務を遂行するにあたって履修していることが望ましいものとして，10科目20単

---

14) 学校図書館の整備充実に関する調査研究協力者会議『これからの学校図書館の整備充実について（報告）』2016年，36p. https://www.mext.go.jp/component/b_menu/shingi/toushin/__icsFiles/afieldfile/2016/10/20/1378460_02_2.pdf,（参照 2024-01-28）.

表4　学校司書のモデルカリキュラム（2019年度以降。教育職員免許法施行規則の一部改正に伴い，読み替えに関する部分が改正された）[15]

		司書	教職課程	司書教諭	単位数
学校図書館の運営・管理・サービスに関する科目	学校図書館概論			※	2
	図書館情報技術論	○			2
	図書館情報資源概論	○			2
	情報資源組織論	○			2
	情報資源組織演習	○			2
	学校図書館サービス論				2
	学校図書館情報サービス論	※			2
児童生徒に対する教育支援に関する科目	学校教育概論		※		2
	学習指導と学校図書館			○	2
	読書と豊かな人間性			○	2

計　　20

なお，単位の計算方法は，大学設置基準等によるものとする。
※「学校図書館概論」は，司書教諭の科目「学校経営と学校図書館」を履修した場合には，「学校図書館概論」を履修したものと読み替えることも可能とする。
※「学校図書館情報サービス論」は，司書資格の科目「情報サービス論」又は「情報サービス演習」において「学校図書館情報サービス論」の内容のうち1），5），6）の内容を含んだ科目として，この2科目の両方を履修した場合には，「学校図書館情報サービス論」を履修したものと読み替えることも可能とする。
※「学校教育概論」は，教科及び教職に関する科目のうち，以下の内容を含む科目をすべて履修した場合には，「学校教育概論」を履修したものと読み替えることも可能とする。
教育の基礎的理解に関する科目のうち，
・「教育の理念並びに教育に関する歴史及び思想」の事項を含む科目
・「幼児，児童及び生徒の心身の発達及び学習の過程」の事項を含む科目
・「特別の支援を必要とする幼児，児童及び生徒に対する理解」の事項を含む科目
・「教育課程の意義及び編成の方法（カリキュラム・マネジメントを含む。）」の事項を含む科目

位から成る学校司書のモデルカリキュラムを示しました（表 4）。

　モデルカリキュラムでは，ほとんどの科目が司書や教職課程，司書教諭の資格取得のための科目と読み替え可能です（＝司書や教職課程，司書教諭の資格取得のための科目の一部ずつを履修すれば，モデルカリキュラムの科目を履修したことになります）。

　このカリキュラムに沿って，2017 年度から亜細亜大学，青山学院大学，桃山学院大学などで学校司書の養成が始まり，翌 2018 年度においては少なくとも 25 大学で開講されていると考えられたこと，さらに 2019 年時点では，モデルカリキュラム開講大学は 35 校が把握できたことが報告されています [16]。

　学校司書のモデルカリキュラムは，司書資格のための図書館に関する科目や司書教諭資格のための司書教諭講習科目に比べて歴史が浅いです。今後，開講大学が増加したり変化したりするかもしれません。関心のある読者の方は，「学校司書 モデルカリキュラム」や「学校司書 取得」といったキーワードでインターネット検索したり，志望先でモデルカリキュラムを履修できるか，大学の入学案内やウェブサイトで確認するなどしてください。

15）文部科学省．"教育職員免許法施行規則の一部改正に伴う「学校司書のモデルカリキュラム」の改正について（通知）"．https://www.mext.go.jp/a_menu/shotou/dokusho/link/1410290.htm，（参照 2024-01-28）．

16）川原亜希世，岡田大輔「学校司書のモデルカリキュラム実施の実態について」『図書館界』2020 年，vol. 72，no. 2，p. 75-81．https://doi.org/10.20628/toshokankai.72.2_75，（参照 2024-01-28）．

図書館に就職するには

　本節では，図書館に就職するにはどうすればよいか，概略を整理します。正規雇用の図書館員をめざす人を本書は主たる対象読者にしています。そのため，正規職員になるにはどうすればよいかに焦点を絞ります。非正規雇用の求人については，本書巻末の「求人の情報源」が参考になるでしょう。

　館種は，公共図書館（公立図書館のみ），大学図書館，学校図書館，国立国会図書館について解説します。私立図書館や専門図書館は，採用方法や親組織などが多岐にわたり，手短に説明するのが簡単ではありません。日本図書館協会の「図書館職員求人情報」のウェブページなど，本書巻末の「求人の情報源」を参考に情報を集めてください。

　以下は概略であり，2024年1月時点の情報を整理したものです。各図書館の採用方法は将来変更になる可能性がありますので，正確なところは各自治体や機関の公式発表を確認してください。

　採用試験にお薦めの問題集については本書巻末の文献案内をお読みください。

公共図書館

　上で述べたとおり，地方公共団体の設置する図書館である公立図書館に話を絞ります。公立図書館の職員採用には2つのルートがあります。

第2章　図書館員になるには　67

①司書資格を有する者や取得見込みの者に応募資格を限定して，司書の採用試験を行う
②試験区分に司書はなく，事務や行政の試験区分で採用した者を図書館に配属する

　①の場合，一般に，司書の試験区分は事務や行政のそれよりも採用数がずっと少ないです。退職者数に合わせて採用数が決まるため，試験年度によっては採用がない場合もあります。前年度は募集があったがその翌年度はなかった，といったケースです。試験の位置づけは大卒程度の場合も，短大卒程度の場合もあります。ただし後者でも，合格者の大半を結果的に4年制大学卒業者が占めるケースがあります。採用されると，自治体によっては公立図書館だけでなく，その自治体の公立大学図書館や学校図書館などに配属になる可能性もあります。

　なお，これも自治体によりますが，司書で採用した職員をほかの部局に配置転換する場合があります。自治体の職員として行政のプロになるために，図書館以外の部局の経験が必要との判断などが背景にあると思われます。

　①のルートで働きたいが地元や近隣にそうした自治体がない場合，実家を離れてでも遠方の自治体を受験するか，検討することになると思います。

　一方，自分の働きたい自治体が②の場合，事務や行政の試験区分を突破し，採用後に図書館への異動希望を出し続けるしかありません。別の言い方をすると，司書，司書補の資格を取りたい，またはすでに持っているという方が本書の読者には多いと予想しますが，

②の自治体の場合，それらの資格がなくても図書館で働くチャンスがあるかもしれません。公務員は数年おきに他部局へ異動するので，係員時代，係長時代，管理職時代にそれぞれ1回ずつ，希望の部局で働くチャンスがあるのではないかと，現職の地方公務員の方から聞いたことがあります（あくまでその人の自治体の例です）。ほかのどの部局に配属されても同様のことがいえますが，司書，司書補の資格を持たずに図書館に配属になった場合，図書館について自主的に学ぶことが必要になってくると思われます。

①，②いずれの場合にせよ，職員採用試験があります。詳細は自治体によって異なります。おおよその傾向を以下に述べます。

試験内容は，第1次試験が筆記（教養試験と専門試験。自治体によっては論文も），第2次試験が口述（面接。自治体によっては論文や集団討論なども）であることが多いです。上の①なら，「図書館概論」や「図書館サービス概論」といった，図書館に関する科目の知識が第1次試験の専門試験で問われます。②なら，第1次試験の専門試験は法律や経済などに関するものになります。なお，自治体によっては第1次試験が教養試験だけ，または専門試験だけの場合もあります。

年齢制限は，新卒から20歳代後半，あるいは30歳前後までの自治体が多いです。試験を短大卒程度と位置づけている場合などは，上限がもっと低い場合もあります。図書館新設に伴う司書の募集の場合などは，実務経験があることも応募条件になることがあります。

①の場合ですが，一般に，事務や行政の試験区分よりも司書のそれは上記のとおり募集人数が少なく，また倍率も高いです。例えば埼玉県の令和5年度職員採用上級試験・免許資格職員採用試験では，

第2章　図書館員になるには　69

一般行政の最終合格者数は339人，最終合格倍率は3.1倍でした。一方，司書の最終合格者数は8人，最終合格倍率は8.3倍でした[17]。例をもうひとつ挙げると，神奈川県の令和5年度県職員採用試験では，Ⅰ種試験・行政の最終合格者数は195人，倍率は3.2倍でした。一方，免許資格職職員採用試験・司書Aの最終合格者数は8人，倍率は9.6倍でした[18]。これら埼玉県や神奈川県の試験は，過去には，司書の最終合格倍率が20倍や30倍を超えたこともあります[19]。

　ただし，倍率が高くても，過度に不安になる必要はありません。筆者はかつて，国立大学の図書館に勤務していました。当時，国立大図書館への就職試験は国家公務員試験のひとつでした。館種は違いますがやはり高倍率でした。ところが，試験が始まったとたんに机で寝る人，だいぶ時間が余っているのに途中退席する人が続出で，本気で試験に取り組んでいる人に限定すれば，公表されている数字よりも実際の倍率は低いと感じました（もちろん単に筆者個人の体験なので，自治体や年度によって様子が違うとは思います）。日程の異なるほかの自治体や，他館種の図書館の試験と併願することもできます。十分な準備をして試験に臨めば過度に不安になる必要はないということを読者の方々にお伝えしたいので，書いておきます。

　試験日程は，都道府県や政令指定都市は6月（試験を短大卒程度と位置づけている場合は9月），市町村は9月に第1次試験を行う場合が

17）埼玉県．"令和5年度職員採用試験実施状況"．https://www.pref.saitama.lg.jp/f1903/saiyou/r5shiken/shikenjissijyoukyou.html，（参照 2024-01-28）．

18）神奈川県．"合格発表・試験実施状況"．https://www.pref.kanagawa.jp/docs/s3u/saiyou/pass.html，（参照 2024-01-28）．

19）本書の初版61〜62ページ．

多いです。10月以降に試験を実施するケースもあります。既述の
とおり，左記は概略です。正確なところは各自治体の公式発表を確
認してください。参考になるウェブページも注に挙げておきま
す[20]。

大学図書館

以下，短大，高専の図書館も含めます。

①国立大学図書館

　2004年度から国立大学は，文部科学省が設置する国の機関から
国立大学法人に位置づけが変わりました。これに伴い職員の採用も，
人事院が実施する国家公務員採用試験ではなく，国立大学法人など
が合同で実施する試験を通じて行うようになりました。大学共同利
用機関法人（国立情報学研究所（NII）など）や一部の独立行政法人（国
立の高専など）の職員採用もこの試験を利用します。

　試験区分には「事務系」と「技術系」があり，前者の中に「図
書」があります。図書の区分では，第1次試験（教養試験）合格者
に対して，第2次試験で専門試験が課され，図書館に関する知識が

20）図書館司書になる！．"地方公務員・司書◆採用試験の仕組みと現状"．
　https://library-site.hatenablog.com/entry/2022/04/28/080000，（参照 2024-01-28）．
　　図書館司書になる！．"司書の正規採用試験の実施記録◆ 2015年度〜
　2022年度"．https://library-site.hatenablog.com/entry/2022/04/18/080000，（参
　照 2024-01-28）．
　　図書館司書になる！．"地方公務員・司書採用試験実施結果【2022年度
　／令和4年度】"．https://library-site.hatenablog.com/entry/2023/02/28/080000，
　（参照 2024-01-28）．

第2章　図書館員になるには　｜　71

問われます。受験・採用にあたって，司書資格は必須ではありません。

　図書館界で長年にわたり研究・教育，実践的活動に携わってこられた塩見昇氏の著書に，「これまでの試験の特徴は，大学図書館が当面している今日的な課題からして，学術情報システム，ネットワーク，電子図書館等についての認識・理解を質すことに力点を置いたもので，外国語能力を確かめる問題も出されていました」とあります[21]。この指摘は今でも当てはまります。図書館に関する事項全般も問われます。

　試験は北海道，東北，関東甲信越，東海・北陸，近畿，中国・四国，九州の7つの地区で実施されます。国立大学協会のウェブページに，各地区採用試験事務室の連絡先が載っています[22]。それらを参照すれば，試験内容，日程，受験資格，第2次試験の専門試験などの詳細が分かります。

　公共図書館の①と似ていますが，各大学の募集人数は年度によって異なります。ある大学で，前年度は募集があったがその翌年度はなかった，といったケースもあります。

21）塩見昇編著『図書館員への招待』4訂版，教育史料出版会，2012年，p.124.
　　2020年発行の同社『新編 図書館員への招待』，2022年発行のその補訂版では，上の記述は消えていますが，読者の方の参考になると思われますので，紹介しておきます（蛇足で説教めいてしまいますが，このように，同じ図書でも版によって内容が異なる場合がありますので，過去のすべての版をたどるのが大事な場合もあります。図書館員をめざす人には知っておいてほしいことがらです）。
22）国立大学協会．"国立大学法人への就職"．https://www.janu.jp/univ/employment/，（参照 2024-01-28）.

なお，上の採用試験とは別に，各大学で独自に選考を行う場合があります。就職ポータルサイトで求人したり，大学の契約職員や短時間勤務職員などを対象に，正職員登用試験を実施したりしています。詳しくは，関心のある大学のウェブサイトや就職ポータルサイトを見たり，「関心のある大学名 採用」などでインターネット検索をするとよいでしょう。

②公立大学図書館

自治体によっては，上に述べた公共図書館の①のルートで採用した者を公立大学図書館に配属する場合があります。また，公立大学独自に採用試験を行う場合もあります。各自治体・大学の公式発表を確認したり，本書巻末の「求人の情報源」を参照するとよいでしょう。

③私立大学図書館

各大学が独自に採用を行っています。就職ポータルサイトやハローワークなどで求人したり，自校の卒業生をおもに採用したり，新卒者を採用したり中途採用だけだったり，大学ごとにさまざまです。全体の傾向として，図書館員専門としての募集よりも，さまざまな部局を経験することになる，一般の大学職員としての募集が多いといわれます[23]。

23）塩見昇編著『図書館員への招待』4訂版，教育史料出版会，2012年，p. 124.
　　同旨，塩見昇，木下みゆき編著『新編 図書館員への招待』補訂版，教育史料出版会，2022年，p. 117.

学校図書館

①司書教諭

　司書教諭資格を持っていれば，教員として採用された後に，学校図書館の職務に従事するチャンスはあるでしょう。ただし学校図書館専任ではなく，学級担任や教科担任，部活動の指導などとの兼任であるケースが大半です。一部の私立学校などでは専任の司書教諭を雇用している例もあります。

　小中高校等に教員として勤務していると，司書教諭の資格を持っていても，生徒指導や進路指導など，学校図書館以外の校務分掌の担当になる場合もあります。一方，司書教諭の資格を持っていなくても，学校図書館の担当になる場合もあります。係り教諭，図書館係り教諭などと呼ばれます。この辺りの事情は，本書第Ⅱ部の杉浦良二さんへのインタビューを参照ください[24]。

②学校司書

　正規雇用の学校司書は，すべての学校や自治体で募集しているわけではありません。第1章「図書館の種類」で見たとおり，学校司書を配置しているのは小学校で68.8％，中学校で64.1％，高等学校で63.0％です。しかもそのうち，非常勤の学校司書が18,514人であるのに対し，常勤の学校司書は5,878人にとどまります[25]。

---

24) 加えて，筆者のほかの著作も挙げておきます。
　後藤敏行『学校図書館の基礎と実際』（樹村房，2018年）第4章2.（2），および第5章1.（4）.

本章「資格取得の方法」で見たように，学校司書のモデルカリキュラムを開講する大学が徐々に増えています。それに伴い，学校司書を募集する際，モデルカリキュラムを履修済みであることを要件にするケースが増えるかどうか，今後の動向が注目されます。

　正規雇用の学校司書がいる自治体の場合，学校司書のモデルカリキュラムがつくられる以前から，「公共図書館の専門的職員である，司書の資格を有する者や取得見込みの者に応募資格を限定して，司書の採用試験を行う。採用されると，県立図書館と県立高校の学校図書館を数年ごとに異動する」ような人事を行っている自治体が存在しています。要するに，上に述べた公共図書館の①のルートで採用した者を公立学校の図書館に配置するケースです。

　また，職務内容に「県立学校で，司書業務に従事します」とだけ明記し，司書資格取得者または取得見込み者に限定して職員を募集した過去の例もあります（平成28年度新潟県）。

　こうした事情があるため，正規雇用の学校司書をめざす方には，司書課程と学校司書のモデルカリキュラム，可能であれば両方とも履修することをお勧めします。上に書いたように，今後，採用試験の受験資格が変化するかどうかには注意が必要ですが，現状では，正規雇用の学校司書を募集する際，司書資格を要件にしている例が多いためです。

　さらに，職務内容を「学校事務（学校図書館事務含む）」として，学校事務の試験区分で職員を募集するケースもあります。このケー

25）文部科学省．"令和2年度「学校図書館の現状に関する調査」の結果について"．https://www.mext.go.jp/a_menu/shotou/dokusho/link/1410430_00001.htm，（参照 2024-01-28）．

スでは，受験資格を満たせば，司書の資格がなくても受験できます。ただし，学校図書館に専任の学校司書ではなく，あくまで学校の事務職員の募集です（群馬県）。

このような事例もあるので，自分の働きたい自治体が正規雇用の司書や学校司書を募集していない場合でも，司書ではなく学校事務などの試験区分で受験・採用後，学校図書館に何らかの形でかかわることができないかどうか（かかわるとしたらどのような内容か），自治体の採用説明会で質問したり，問い合わせるなどして確認してもよいかもしれません。

ほかにもいろいろなパターンがあります。実習助手として教育職で人を採用し，学校図書館に配置する自治体もあります。理科の実験助手や家庭科の助手と同じ採用枠なので，「学校図書館から理科の実験助手に異動になってしまった」，あるいは逆に，「本当は理科の実験助手になりたかったが学校図書館に配属になった」といった現場の声もあるようです。自分の働きたい自治体が，学校図書館への配置の可能性がある実習助手を募集しているかどうか，確認してもよいかもしれません。

公共図書館の①とやはり似ていますが，退職者数に合わせて採用数が決まるため，採用があるかどうかは試験年度によって異なる可能性もあります（試験年度によっては採用がない可能性もあります）。

私立学校の場合，正規雇用の学校司書がいるとしても，大々的に募集するか縁故で採用するかは，学校ごとに異なります。

国立学校については，本書巻末の「求人の情報源」に参考になりそうなものを含めました。そちらを参照していただければ幸いです。

私立学校や国立学校については，求人情報が載っていないか各校

のウェブサイトを定期的にチェックしたり，場合によっては求人について直接問い合わせてもいいかもしれません。「直接問い合わせる」系の話を以上の複数箇所で書きました。そうした際は，大胆さも必要かもしれませんが，先方の現場の忙しさも十分考慮に入れて，先方の業務に支障が出ないよう，タイミングなどをよく工夫して尋ねてください。

国立国会図書館

国立国会図書館は，採用情報のウェブページ[26]に情報が書いてありますのでそちらを熟読してください，というのが基本的なアドバイスになります。現時点の概要を以下に整理しておきます。

国立国会図書館の業務は調査業務，司書業務，一般事務の3つからなり，職員は，定期的な異動によってさまざまな業務を経験します。採用試験の専門科目や大学などでの専攻によって固定されたキャリアパスはありません。

国立国会図書館職員採用試験には総合職試験，一般職試験（大卒程度試験）などがあります。それぞれの試験内容などを表5に整理します。総合職試験と一般職試験（大卒程度試験）の2次試験で課される専門試験では，法学，文学，史学などのさまざまな科目のなかから1科目をあらかじめ選択します。科目のひとつに図書館情報学があります。

採用予定数は「若干名」とされ，倍率が100倍を超えることもあ

26）国立国会図書館．"採用情報"．https://www.ndl.go.jp/jp/employ/，（参照 2024-01-28）．

第2章　図書館員になるには 77

る，難関の試験です。職員採用試験の受験資格に司書資格は必要ありません。東京本館などと関西館の間の転勤があります。

表5　国立国会図書館職員採用試験の試験内容など[27]

	総合職試験	一般職試験（大卒程度試験）
第1次試験	教養試験（多肢選択式・共通）	
第2次試験	英語試験（多肢選択式・共通）	
	専門試験（記述式・共通）	
	専門試験（記述式）	―
	小論文試験	―
	人物試験（個別面接）	
第3次試験	人物試験（個別面接）	

※専門試験科目は、受験申込時に以下から1科目を選択。法学（憲法、民法、行政法、国際法から受験時に2分野選択）、政治学、経済学、社会学、文学、史学（日本史、世界史から受験時に1分野選択）、図書館情報学、物理学、化学、数学、工学・情報工学（工学全般、情報工学から受験時に1分野選択）、生物学。

---

27) 表5は概要です。表5の内容に加えて，年齢制限などの条件もあります。正確には，国立国会図書館が発表する情報を直接ご確認ください。

78　第I部　基礎編

寄稿 合格体験記（1） 現役大学生

髙橋美貴さん

合格自治体・試験区分：神奈川県・免許資格職（司書A）
採用年度：2022年度
出身学部学科：日本女子大学人間社会学部現代社会学科

　私が初めて司書になりたいと思ったのは中学生の頃です。県立図書館や学校図書館の空間が好き，読書が好き，学校図書館の先生が好き，好きなものに囲まれて仕事したい！くらいの気持ちでした。

　その気持ちが高校生まで続き，社会学を学びながら司書課程を履修できる大学を選択しました。この頃，司書として新卒で働くことはまったく想像していませんでした。田舎の女子高校生だった私は港区や丸の内で働くOLに憧れていたので，進路相談で「若い頃はバリバリ働いて，いい感じのオバサンになったら司書になりたいです」などとぬかし，担任の先生に呆れられていたのをよく覚えています（笑）。高校生の私にとって，司書は中年女性でパート・非正規職員というイメージがあったからだと思います。しかし大学で司書の専門性の高さや幅広い業務内容を学ぶうちに，このイメージは変わりました。

第2章　図書館員になるには　｜　79

司書を本気で志そうと決心したのは大学2年生の終わり頃です。ちょうど新型コロナウイルスが日本で猛威を振るい始めたときでした。半年後の社会さえ予想できない状況で、自分の将来をどう描けばよいのか困りました。

　自分が何をして生計を立てたいのかではなく、どのような大人になりたいか考えたときに、今までお世話になった学校司書の皆様や司書課程の先生方が思い浮かびました。先生方は授業だけでなく、ちょっとしたお話まで楽しくて、誰にでも平等に丁寧に対応してくださる憧れの大人像でした。

　志す決め手になったのは上記のことですが、ほかにもいくつか理由があります。まずは学ぶことが好きだからです。複数の学問に関する資料を扱い、常に社会状況や利用者のニーズに合わせて幅広く学び続けなければならない司書は私に向いていると思いました。

　そして司書という職業が孕む社会問題について興味があったからです。私は大学で女性のキャリアや労働に力を入れて学んできました。自分がどのような人生設計を選んだとしても働き続けることができそうな公務員に魅力を感じる一方で、官製ワーキングプアに疑問を感じました。司書も非正規職員が多く、官製ワーキングプアに陥りやすい職業のひとつです。X（当時はTwitter）を「＃司書の就活」で検索してみてください。ほかの自治体と比較して神奈川県・免許資格職（司書A）を受験した理由のひとつは大卒の行政職と同じ給与がもらえるからです。自分の憧れである司書がなぜこのような問題を抱えているのか、働きながら考えていきたいという気持ちがありました。

　採用試験の勉強は試験から1年前、大学3年生の5月頃から始め

ました。神奈川県・免許資格職（司書A）の筆記試験は2021年度か
ら教養試験が廃止され，記述式の専門試験と小論文のみとなりまし
た[1]。

　勉強を始めた当時，教養試験が廃止になるとは思っていなかった
ので，公務員試験予備校にすでに入学していました。最終的に私は
他自治体の行政職と併願したので教養科目と専門科目どちらも勉強
しました。行政職の受験勉強と司書職の受験勉強を同時にしていた
ので，ほかの人と比べてどちらも中途半端な努力になってしまい，
結果が出なかったらどうしようとプレッシャーになりました。

　神奈川県・免許資格職（司書A）の過去問を分析したところ，お
もに専門用語の説明を求められることが分かりましたので，そこを
意識して学習に取り組みました。試験当日は過去問同様，シンプル
に「○○について述べなさい」というような問題が10問で出題さ
れました。罫線のみ（字数制限なし）の回答用紙でした。

　具体的には，2021年度は，社会教育法，芸亭，DAISY，ユネス
コ公共図書館宣言，資料選択においての価値論と要求論について，
ダブリンコア，ブックスタートなどについての出題がありました。
小論文は，うろ覚えで申し訳ないですが「手紙やはがきを送る文化
はこれからどうなっていくと考えるか述べなさい」というようなも
のでした。

　筆記試験にしては珍しく，机上に飲み物を置いてもOKでした。
神奈川県・免許資格職（司書A）や，飲み物が同様に許可されてい

---

1) 本稿は貴重な合格体験記ですが，筆記・面接とも，傾向やルールなどは
将来変わる可能性があります。読者の方が受験する際は，その時点で最新
の公式な情報を確認してください。

第2章　図書館員になるには　　81

る試験を受験される方は，あまり冷たくないペットボトル飲料を持参することをお勧めします（水滴が用紙につくと困るので）。また，持ち物にHBの鉛筆とありましたが，試験会場に着いてみると，実際にはシャープペンも可でした。念のため，どちらも持っていったほうがよいと思います。私は鉛筆しか持参せず，記述式なのですぐに先が丸くなってしまい，試験の最中に何度も鉛筆を削ることになり面倒でした。

　神奈川県・免許資格職（司書A）以外に国立国会図書館の一般職を受験しましたが，1次試験（教養試験）で不合格でした。2次試験の専門試験は図書館情報学で受験する予定でした。神奈川県の試験日より前に図書館情報学系の筆記試験を実体験できるのは国立国会図書館だけだったので，受験しました。

　私の使用した教材や参考になったウェブサイト，学習方法，筆記試験直前期の1日のタイムスケジュールを紹介します。

教材・参考になったウェブサイト

① 『図書館職員採用試験対策問題集 司書もん』1～3巻（後藤敏行著，第2版，図書館メディア研究会，2020年）
② 『図書館情報学基礎資料』（今まど子，小山憲司編著，第2版，樹村房，2019年）[2]
③ "公共図書館（公務員）・国立大学図書館の司書になる！"（http://

---

2) 髙橋さんの受験当時は第2版が最新版でしたが，現在はさらに新しい版が出ています。そのほかの書籍も，より新しい版が将来出る可能性があります。

82 │ 第1部　基礎編

> **1日のタイムスケジュール（月～金曜日）**
>
> 9:00 ～ 12:00　大学図書館および予備校着。過去問題を解く。
> 13:00 ～ 20:30　図書館系の雑誌や書籍を読んで息抜きをしつつ，過去問題で間
> 　　　　　　　違えた分野を重点的に復習する。疲れたときは大学の周りを散
> 　　　　　　　歩することも。
> 23:00 ～ 23:30　寝る前に用語集などを読んで暗記中心の学習をする。
> 　　　　　　　土曜日は，大学図書館と予備校がどちらも18時に閉まってし
> 　　　　　　　まうので，カフェに移動して勉強していました。日曜日は家事
> 　　　　　　　をしたり買い物に行ったりし，勉強時間は3～4時間程度に
> 　　　　　　　していました。

bookserial.seesaa.net/)[3)]→過去問や採用情報などが載っているウェ
ブサイトで，参考になりました。

以上のほかに司書課程の授業プリントや教科書を使用しました。

学習方法

　まずは『司書もん』を3～5周しました。ただ問題と解答を暗記
するのではなく，解説も読み込んで知識を身につけることを意識し
ました。そして『司書もん』の3巻の最後にある「試験に出る!?
用語集」にある用語を調べながら，司書課程の授業プリントをざっ
くり通読していました。

　『司書もん』が大体解けるようになってきたら，「公共図書館（公
務員）・国立大学図書館の司書になる！」に掲載されている過去問や，
各自治体がウェブサイトで公開している過去問に取り組みました。

3）2024年時点では，同じ管理人の方が，"図書館司書になる！"（https://
library-site.hatenablog.com/）というウェブサイトも運営されています。

第2章　図書館員になるには　**83**

『図書館情報学基礎資料』では法律や宣言，重要な用語について確認していました。

息抜きに，大学図書館にある『学校図書館』（全国学校図書館協議会），『現代の図書館』（日本図書館協会），『図書館雑誌』（日本図書館協会）などの雑誌を読んでいました。

『司書もん』や過去問の解き直しノートをつくり，試験本番に持参しました。『司書もん』3冊を持って行くよりも軽いですし，自信につながったのでお勧めです。

次に面接試験の形式や実際に質問された内容，対策について説明していきます[4]。採用予定4人に対して45人が面接試験進出と高倍率でした。言い換えれば，筆記試験はあまり人数を絞っていないので，地道に学習を積み重ねれば筆記試験は突破できると思います[5]。

面接試験の前に，20分程度の性格検査がありました。持参物にボールペンと書いてありましたが，このときに使用しました。私が受験した年だけかもしれませんが，書いたものが下のカーボン用紙に写るタイプのものでした。「サラサ」のようなインクが滑るように出るタイプではなく，グリグリと書けるタイプのボールペンを持参したほうがよいです（伝わるでしょうか。笑）。性格検査ののち，5分ほどの休憩があり，面接試験を迎えました。

面接試験は神奈川県・免許資格職（司書A）の場合，試験官3名

---

4) 髙橋さんが合格した試験の場合，「最終合格者は，第2次試験の結果のみで決定します」という方式であり，筆記次試験は，パスさえすれば，得点は合否に関係ないようだったとのことです。本稿にあるような緻密な面接試験対策を実践したことが合格につながったのだと思います。

5) と言っても，筆記試験の勉強を髙橋さんは相当していたことが本稿を読めば分かります。

対受験者1名の個人面接で，最初の本人確認以外はマスク着用でした。先輩司書から伺った話ですが，試験官3名の内訳は，例年，行政職の方2名と司書職の方1名とのことです。時間はおよそ30分くらいでした。私は順番が1番目だったので待ち時間はありませんでしたが，最後の方だと待ち時間が3時間近くあったようです。

　私が当日聞かれた質問は，事前に提出した面接票に書いたことを深く聞くようなタイプのものが多かったです。そのため，事前に面接票を提出するような場合は，どこを突っ込まれてもいいように対策が必要です。また，公務員試験で一般的によく聞かれる質問[6]への回答は事前に用意しておくほうがいいと思います。

　面接試験対策は，まず授業で直接お世話になり，のちに日本女子大学から青山学院大学に移籍された大谷康晴先生，そして後藤敏行先生と木村麻衣子先生にご相談しました。木村先生には，司書としてご活躍されている，私と同じ人間社会学部卒の先輩を紹介していただきました。その先輩によると，合格者の共通点として，明るくハキハキとしている方，楽しい雰囲気の方が多いとのことでした。日本女子大学は司書課程の先生にとても恵まれていると思います。

　以下，私が頂いたアドバイスをもとにした面接試験対策と，試験で実際に聞かれた質問などです。

---

6) 本稿の〈面接試験で印象に残った質問〉以下も非常に参考になります。ほかには例えば『公務員試験受験ジャーナル』（実務教育出版，月刊）や，書店（リアル店舗，ネット書店両方）に公務員試験対策の書籍があります。

第2章　図書館員になるには　85

面接試験対策

・県立図書館と県立川崎図書館を訪問する[7]。
・比較対象として横浜市立図書館（中央図書館と民間委託の山内図書館），通学路線の途中にある区立図書館を訪問する。
　→雰囲気や所蔵資料・展示を見るだけでなく，その図書館が出している刊行物を読んだり，利用者の年齢層や，利用者がどのように図書館を使っているかを意識して見たりしていました。
・神奈川県立図書館の SNS をチェックする。
・神奈川県立図書館のウェブサイトをくまなく読む。特に「運営・統計」のページ。
・学校図書館について勉強しておく。神奈川県の場合，もし合格した際は，県立図書館だけでなく，公立高校図書館に配属される可能性があるため。
・Google アラートで「図書館」というキーワードを登録し，毎日図書館に関するニュースを読む。
・大学のキャリアセンターおよび予備校で面接練習をする。

面接試験で印象に残った質問

・受験動機。面接票に書いてありますが改めてお願いします，と言

---

7)「一利用者として訪れる」という趣旨だと思います。そうでなく，もしも，図書館員の方にお話を伺ってみたいような場合は，突然訪問せず，必ず事前に可否を伺ってください。

われました。

・併願状況。行政職も受験していたためか，本当に司書になりたいのか聞かれました。

・苦手な人のタイプとその対処法。

・ストレスの解消法。

・休日はどのように過ごしているか。

・部下ができても大丈夫か。

・人とかかわる中で一番大切にしていること。

・学校図書館と県立図書館どちらで仕事がしたいか。

・県立図書館は 30 年後どうなっていると考えるか。

・学校図書館は 30 年後どうなっていると考えるか。

・県立図書館と市立図書館の違い。

・県立図書館のウェブサイトを見たことはあるか，印象に残っているところはどこか。

・県立図書館のイメージ。

・今までどのように県立図書館を利用したことがあるか。

・そのとき図書館の職員の対応はどうだったか。

　さらに，過去に合格した先輩方が受けた質問には，例えば以下のようなものがあったと伺いました。

・今までの人生で 1 番悩んだことは何か。

・アルバイトなどで共同作業をした経験はあるか。

・サポートタイプとリーダータイプどちらか。

・周囲からどんな人だと言われるか。

・苦手なタイプが上司だったときどう対応するか。

・サークルは何をしているか。

・サークルで大変だったことはあるか。

・スポーツはしているか。

・ウェブサイトをつくったことはあるか。

・特技に「PC デザインスキル」とあるが具体的に教えてください。

・図書館情報学を専攻したきっかけ。

・どのような司書になりたいか。

・メディアに興味があるのになぜ図書館か。

・学校司書の仕事は想像できるか。

・学校図書館に配属になった場合，どのような図書館にしたいか。

・子どもが学校図書館に来るようにするためにはどのようにすれば
いいか。

・最近行った図書館で印象に残っているところ（1 館についてだけ話
したら，ほかには？と聞かれた）。

　図書館員をめざしている方にこの体験記が少しでもお役に立てれ
ば嬉しいです。

寄稿 合格体験記（2）
社会人

山本菜摘さん

合格自治体・試験区分：埼玉県・免許資格職職員採用試験（司書）
採用年度：2021年度
出身学部学科：日本女子大学家政学部家政経済学科

　私は大学卒業後，約8年間，民間企業で働いてから図書館司書になりました。司書になりたいという夢を持ったのは中学生の頃です。子どものときから読書が好きで，学校の図書室で本を借りたり，週末は両親に連れられて地元の図書館に通ったりしていました。そのような経験から自然と将来は自分が図書館の中で働く人になりたいと考えるようになりました。

　大学は日本女子大学家政学部家政経済学科に進学し，2年生から司書課程の授業を履修し始めました（司書のみ取得し，司書教諭は取得しませんでした）。学科の授業のほかに，司書課程の授業を受けたり，その課題や試験をこなしたりすることはとても大変でしたが，図書館について学ぶことは夢に近づけている気がして楽しかったです。

　3年生の秋になり，就職活動が始まった際にはもちろん図書館司

書の仕事を検討していましたが，民間企業での仕事も視野に入れていました。希望は正社員として働くことでしたが，図書館司書の募集は雇用期間の定められているものが多く，なかなかうまくいきませんでした。同時にメーカーでの仕事にも興味を持ち始めていた中で，食品メーカーで内定を頂くことが出来たため，悩んだうえで食品メーカーに就職することを決めました。

　入社後は生産部という部署に配属され，工場の生産計画管理や原材料発注に関する仕事をしておりました。仕事なのでもちろん大変なこともたくさんありますが，基本的には楽しくやりがいを感じることが多かったです。しかし，やはりときどき，司書になりたかった気持ちを思い出して図書館採用情報のまとめサイトを調べることがありました。

　2020年になりちょうど30歳という節目で自分の人生を振り返ったときに，あれほどなりたかった司書の仕事をせずにこのままでいいのかと考えるようになりました。そこで見つけたのが埼玉県職員の司書資格職の採用試験でした。

　9月末の筆記試験でしたが勉強を始めたのは約2か月前の7月下旬でした。新型コロナウイルスの影響でほとんど在宅勤務であったため，平日は20時か21時まで仕事をしたあと，2〜3時間勉強していました。どうしても疲れている日は少し仮眠してから午前2時くらいまで起きていたこともあります。仕事がとても忙しい時期でしたが，往復の通勤時間なくすぐに勉強に取りかかれたことは良かったと思います。休日は朝8時頃から夜10時くらいまで勉強しました。集中力の低さに自覚があったので，無理して長時間ダラダラやらずに短時間で集中と休憩を繰り返すスタイルにしていました。

埼玉県の試験は教養試験，資格に関する専門試験の2つに分かれていました[1]。実はその6年ほど前に市役所の採用試験を受けた経験があり，教養試験は勉強していました。得意な数的推理や判断推理は時間を最小限に抑え，苦手な社会・政治関係と，公務員試験対策としては初めて勉強をする司書の専門科目に重点を置きました。

　教養試験は実務教育出版の過去問集（最新版）の中から試験範囲の項目だけを選んで勉強しました。問題を解き終わった後に解説欄の内容や分からない単語の内容をノートにまとめて持ち歩き，出社日の通勤電車で復習に使用していました。

　また，直近の時事ネタはニュースアプリを読むことでカバーしました。その際，面接試験も見据えてコメント欄の意見なども参考にしながら自分の意見や考えをまとめるようにしていました。

　司書の専門試験対策は『図書館職員採用試験対策問題集 司書もん』（後藤敏行著，第2版，図書館情報メディア研究会，2020年）の第1巻〜第3巻を使用しました。これらは，試験を受けるにあたり，大学時代のゼミでお世話になった後藤先生に勉強方法を相談した際，アドバイスを頂いたので購入しました。上記のとおり，公務員試験対策としては初めて勉強をする司書の専門科目（司書課程の復習だと考えても，およそ10年ぶりの勉強）は忘れてしまっていることも多かったですし，法律などの内容自体が変わっていることもあったので，

1）その後，令和6年度職員採用試験から，埼玉県の免許資格職試験では教養試験が廃止されました。
　埼玉県．"令和6年度からここが変わる！埼玉県職員採用試験". https://www.pref.saitama.lg.jp/f1903/saiyou/r6shiken/r6shiken-henkou.html,（参照 2024-08-14）．

『司書もん』を一から丸暗記する気持ちで勉強していきました。

　『司書もん』は淡々と難しい言葉が並ぶというよりも，先生が講義で話されているような文章で解説が書かれているので，初心者や知識が薄れている既卒者にとっても理解しやすいと感じました。また，既出の解説についてはどの設問の解説に戻ればよいということが明記されているので「どこかに書いてあったはず…」と探す時間を省くことができました。実際のところ時間が足りずに3冊すべては完了できませんでしたが，試験の直前まで暗記できそうな内容は頭に詰め込みました。

　実際の教養試験は思ったより英語や現代文の設問が多かったです。どちらかと言えば資料解釈や判断推理などに時間をかけたかったのですが，英語や現代文で手間取ってしまい最後は慌てて解くことになったので，焦らず時間配分に気をつけるべきだったと後悔しています。

　司書科目については『司書もん』で勉強した内容が多く出題されていました。さらに製本知識（本の部位の名称など）や辞典の編集者の名称など，基礎中の基礎であるがゆえに自分の中で盲点だった問題も出ました。成績開示を行ったところ教養試験6割強，専門試験5割強という結果になりました。『司書もん』をもっと徹底して勉強していたら取りこぼしが少なかったのではないかと思います。

　筆記試験に合格すると論文試験に進みます。テーマは，これから行うべき図書館の施策について自分の考えを記述するような内容でした。事前に埼玉県の図書館方針について調べておいたので，それをもとに自分なりの施策を考えて書きました。

　その後いよいよ，面接試験に臨みます。面接対策は「前職を司書

の仕事にどう活かせるか？」や「どのような司書になっていきたいか？」など，質問されると思われる内容を自分で予測し回答をノートにまとめました。さらにその答えに対して「なぜ？」をひたすら繰り返し，深掘りするようにして自己分析をしていきました。

本番では「なぜ8年も務めた会社を退職して司書になりたいのか？」，「円満退社ができそうか？」，「ストレス発散にどんなことをしているか？」といった前職や自分自身の性格などにかかわる話と，「どんな図書館づくりをしたいか？」，「めざす司書像はあるか？」といった，これからのことについて深く質問されました。

前職が嫌になって転職をしたのではなく，司書になりたい気持ちが強いから退職を決めたことや，自分の理想とする図書館についてはしっかりとアピールしたい部分だったので思ったままを自分の言葉で伝えるようにしました。その他の質問についてもできるだけ正直に回答しました。どうしても，良く見られたいという気持ちになりがちですが，その気持ちが前面に出すぎて回答しても，その後の質問と整合性が取れなくなったら困るためです。これは新卒で就職活動をしていたときにも気をつけていたポイントです。

面接はとても苦手で当日も緊張してしまい，最も重要な志望動機が思い出せず1〜2分沈黙してしまいました。ですが面接官の方が，事前に提出している面接シートの内容を読み上げてくださり何とか落ち着いて話し始めることができました。こんな失敗もありましたが，できるだけ和やかな雰囲気になるよう明るく笑顔で話すことを心がけました。

働きながら試験対策する場合，日ごろの疲れと戦うことが一番大変になるかと思います。ただでさえ仕事をするとクタクタになるも

第2章　図書館員になるには　93

のですが，それに加えて試験勉強をすることは体力的にも精神的にもとても辛かったです。ですが私はいつも「もし不合格になった自分が未来から帰ってきたとしたら，今勉強をするか？それともこのまま寝るか？」と自分に問いかけながら何とか乗り越えました。

　年齢的にも新しいことを始めるにはやや遅いスタートになったかと思いますが，逆に言えば何歳でも挑戦は可能なのだなと実感しました。チャレンジすることはタダです。もしそのとき失敗したとしても，どこかでは自分の役に立つ財産になると思いますので，これからめざそうとされる方も最後まで諦めないで頑張ってください。

コラム

インターンシップ

　民間企業などだけでなく，図書館でもインターンシップ（就業体験）を実施する場合があります。大々的に募集するものばかりではないので，関心のある自治体や機関のウェブサイト，広報をマメにチェックするとよいでしょう。司書課程などで学んだ知識が実際にどう生かされるのかということや，図書館の職場の生の雰囲気を体験する，よい機会になるかもしれません。

図書館員の待遇

　図書館員の給与（国立大学図書館については転勤も）について，分かる範囲で整理したいと思います。

　総務省「地方公務員給与実態調査」（令和4年）よれば[1]，全地方公共団体の一般行政職の職員（平均年齢42.1歳。公立図書館や公立学校図書館の正規職員もこれに含まれます）の平均給与月額（給料と諸手当の月額を合計したもの）は40万1,372円。民間企業のボーナスに相当する期末手当と勤勉手当の合計は年額155万9,968円です。年収にすると約638万円になります。あくまで平均値ですので，昇任のスピード，扶養親族がいるかどうか（いれば扶養手当が支給されます），正規の勤務時間を超えて勤務することを命じられたかどうか（命じられた場合，時間外勤務手当が支給されます）などによって各職員の給与は異なります。また，指定都市や特別区の給与は上の額より高く，町村は低い傾向にあります。

1）総務省．"地方公務員給与実態調査"．https://www.soumu.go.jp/main_sosiki/jichi_gyousei/c-gyousei/kyuuyo/kyuuyo_jc.html，（参照 2024-01-28）．

一般行政職の職員の初任給は，おおむね，大学卒で 18 万〜19 万円弱，短大卒で 16 万〜17 万円弱，高校卒で 15 万円ほどです。一方，一般行政職の職員の退職手当額（全地方公共団体の平均）は，「60 歳」かつ「25 年以上勤続後」かつ「定年退職・その他」という条件がそろった場合，約 2,200 万円となっています。自己都合の退職などの場合はそれより下がります。

　同調査によると，公立学校の司書教諭が含まれる，全地方公共団体の高等（特別支援・専修・各種）学校教育職（平均年齢44.8 歳）の平均給与月額は 43 万 2,201 円，期末手当と勤勉手当の合計は年額 176 万 5,560 円。小・中学校（幼稚園）教育職（平均年齢 41.8 歳）の平均給与月額は 40 万 8,337 円，期末手当と勤勉手当の合計は年額 168 万 6,061 円です。年収にすると，約 695 万円と約 659 万円です。あくまで平均値であることなどは上と同様です。初任給は，小・中学校教諭，高等学校教諭ともに，大学卒の場合およそ 20 万円，短大卒の場合 18 万円ほどです。一方，教育公務員の退職手当額（全地方公共団体の平均）は「60 歳」かつ「25 年以上勤続後」かつ「定年退職・その他」という条件がそろった場合，約 2,266 万円となっています。自己都合の退職などの場合はそれより下がります。

　以上，総務省の調査をもとに全体像を述べました。公務員の給与水準は民間企業従業員のそれと均衡させること（民間準拠）を基本に設定されますので，民間賃金の高い地域に勤務する職員には地域手当も支給されます。初任給や給与などは，関心のある自治体の受験案内やウェブサイトでも確認しましょう。

　次に国立大学図書館について見てみましょう。国立大学法人の役員報酬や職員給与は，国家公務員や民間企業の給与，法人の業務実績などを考慮して，各法人がそれぞれ支給基準を定め，公表しています。文部科学省の報道発表によると，事務・技術

職員（国立大学図書館の正規職員も含まれます）の，令和4年度の平均年間給与は596万8千円です。やはり地域などの要因によって差があり，例えば東京大学の事務・技術職員（平均年齢45.2歳）の，令和4年度の平均年間給与は689万3千円です[2]。

なお，筆者は2003年度から2005年度まで，国立大学附属図書館の正規職員として働いていました。その頃は，管理職（課長以上のポスト）に就いた人は全国転勤，極端な場合は，北海道の大学図書館から沖縄の大学図書館に異動のようなケースもありました。全国転勤を好まず，あえて課長にならないという選択をする人もいました。

2004年度から国立大学は，文部科学省が設置する国の機関から国立大学法人に位置づけが変わりました。国立大学に勤務する複数の知人から伺った話ですが，法人化後も，管理職の大学間の異動は依然あるとのことです。以前と同様の全国転勤だけでなく，比較的近隣の大学に限定して異動する配慮がなされる場合もあるようです。

読者の方が国立大学図書館に就職した場合，管理職になるのはその後20年くらいは先の話だと思われます。その頃の状況は，現状からさらに変わっているかもしれません。現状の紹介として，上の事情を本書では書いておきます。ちなみに国立国会図書館の場合も，本章「図書館に就職するには」で述べたとおり，東京本館などと関西館の間の転勤があります。

ところで，公立の小中高校や国立大学について上で整理しま

2）文部科学省．"文部科学省所管独立行政法人、国立大学法人等及び特殊法人の役員の報酬等及び職員の給与の水準（令和4年度）を公表します"．https://www.mext.go.jp/b_menu/houdou/2023/1418427_00002.html，（参照 2024-01-28）．

したが，私立学校の司書教諭や学校司書，私立大学の図書館員の給与はどうでしょうか。その学校法人の経営状況によってマチマチで，公立の小中高校や国立大学より高給の場合も，低い場合も，両方あります。公立の小中高校や国立大学の給与体系に準拠している学校法人もあるようです。民間企業全般と同様，規模の大きな学校ほど給与が高い傾向があります。

若手図書館員への
インタビュー

吉田芙弓さん
東北大学附属図書館情報管理課雑誌情報係
係員
採用年度：2013年度
出身学部学科：事業構想学部事業計画学科

すごく市のことを考えて職員さんが話している姿を見て

―― 吉田さんは，大学図書館と公共図書館，2つのご経験がおあり
です。現在までのキャリアをまず伺えますか？

吉田 大学在学中，1年間休学したことがありました。そのときに，何か資格を取りたいということで，司書講習で司書資格を取得しました。

その後，その休学の間に，仙台市の交流事業で，姉妹都市

> **1日のタイムテーブル**
> 8:30　出勤
> 午前　問い合わせ対応&処理
> 　　　・メールチェック
> 　　　・問い合わせのあった雑誌データの調整
> 　　　・書店さんへ書類作成や手配の依頼
> 午後　雑誌契約・受入に関する事務処理
> 　　　（時期によって以下の業務のいずれか）
> 　　　・支払いデータの確認作業
> 　　　・来年に向けた雑誌購読調査の準備・取りまとめ
> 　　　・委員会の準備作業や打ち合わせ
> 　　　・午前にできなかった業務の続き
> 　　　・書店へ見積依頼，発注業務
> 17:15　（定時）
> 17:15～20:00（時期によって）残務処理

であるフランスのレンヌ市に行く機会がありまして。そのときに，市役所で働くのもいいかもしれないと思って。自分は司書の資格があるので，司書として採用枠を受けられるということに気づき，採用試験を受けることにしたんです。それで4か所受けました。3か所から内定をもらって，白河市に採用になりました。

　そこで2年間，児童サービスですとか，大人向けだと7類（芸術）[1] などを担当したんですが，もともと出身が仙台ということもあって，仙台に戻りたいなということを考えて。また図書館で働きたいと思っていたところ，ちょうど国立大学図書館の採用試験の時期でして[2]，それに応募して受かったので，こちらに来ましたという形です。

―― 市役所に勤めるのもいいなと考えたそもそものきっかけは？

吉田　もともと文化の発展のようなところに興味があって。市役所だったり，公共部門で担っている部分が大きい分野なので，そういうところにかかわれたらなと思ったのがひとつですね。あとはレンヌにいたときに，市役所の訪問もしたんですけど，すごく市のことを考えて職員さんが話している姿を見て，こういう働き方ができるなら，市役所もいいなと思ったんですよね。地域の力になれるというのはいいなと思って。

1）わが国のほとんどの公共図書館，9割以上の大学図書館が採用している標準分類法に『日本十進分類法（Nippon Decimal Classification: NDC）』があります。分類については第1章「図書館員の仕事」を参照してください。NDCは10進数で資料の主題を表現します。7類は芸術をあらわします。
2）国立大学図書館の採用試験については，第2章「図書館に就職するには」を参照してください。

——公務員試験のなかでも司書の枠は難関です。4か所受けて3か所から内定をもらうのはすごいと思います。受験勉強や実際の受験に関しては？

吉田　大学の専攻が行政系だったので、そういった知識はもともとあったのと、英語と国語については得意だったので、1次試験の教養試験は突破しやすかったんですよ。プレゼンテーションをする機会の多い大学だったので、面接もわりと得意だったんですね。なのでそういう意味では、強みがあったのかなと。

　2次試験の専門試験はあるところとないところ、両方ありました。前者は、司書資格の勉強をしていれば大体答えられるような問題が多かったです。2次試験では作文もあり、「ここで働いてどのような司書になりたいか」のような出題でした。もちろん図書館の知識も必要なんですけど、どちらかといえば自治体職員としてあるべき姿を書く必要があるものでした。そこでも、大学で学んだことやレンヌ市での経験を役立てられたのかなと思いました。

　集団討論、集団面接もあったんですけれども、まったく図書館に関するテーマにはあたらなくて。例えば福島県の採用試験の場合は11人、行政事務区分で受験している人もいっしょで、公共交通に関する集団討論だったんです。議題は「高齢者の免許返納」に関するものでした。私は公共交通を専攻していたので、本当にビンゴの話題が来てしまったというか、そういうところもあったりして。「未来と過去、行けるとしたらどちらに行きたいか」なんて質問もありました。

　それから、図書館はもちろん図書を扱うんですけれども、それを支えるためのいろいろなサービスや、図書館の経営管理の面にも、

若手図書館員へのインタビュー

私はまだ全然かかわってこないですけど,働いていくなかではかかわっていかなきゃいけない。そして職場によっては,図書館から異動してまったく異なる部署に配属される可能性もあります。採用まで至るには,将来的に経営管理にかかわったり,職場によっては図書館外への異動に前向きであったり,そういうこともできる人だと見込んでもらわないと,なんてことは思います。すみません,ちょっと偉そうなことをいってしまったんですけども。結構そういうことが求められているのかな,なんて思いながら面接を受けてました。

―― 出身地の仙台市に戻ろうと,国立大学図書館の採用試験を受験したときは,白河市職員として働きながら勉強されたと?

吉田 そうですね。2次試験がかなり専門的なものになるので,司書講習のテキストを見返したり,自分が図書館で働いていたので,そこにそろっている図書館関係の資料を読み返して勉強しました。

―― 公共図書館ですと,人種のるつぼといいますか,いろいろな利用者の方が来たのでは?

吉田 はい,いらっしゃいました。市民の皆さんはもちろん,近隣の市町村にお住まいの方や,旅行の間に立ち寄ったという方もいらっしゃいました。図書館に来る目的もさまざまで,趣味・娯楽のため,勉強や仕事のため,お友達と会うため,おはなし会へ参加する

ため，なんとなく雰囲気が好きだから，など。毎日さまざまな出会いがあって，カウンターに立つのは飽きませんでしたね。

　利用者のなかには，図書館では解決できない問題を抱えて来館される方もいらっしゃいました。そういったときでも，館長と副館長がその方と直接話をして，解決に役立ちそうな窓口を紹介したことがありました。「図書館はこういうふうに対応することもできるんだな」というのは勉強になりました。

東北大学附属図書館へ。閲覧第一係と雑誌情報係での勤務

—— 現在は国立大学附属図書館にお勤めです。今の職場のお仕事についてご説明いただけますか？

吉田　今は，東北大学附属図書館本館の情報管理課雑誌情報係というところで，係員として働いています。大学図書館では多くの学術雑誌を契約していますので，その契約の管理がおもな仕事になります。分館や学部の図書室で購読している雑誌も，一部は本館で取りまとめをしています。購読する雑誌は，教員に対して実施するアンケートをもとに決定していきます。次年に購読する雑誌の調査を行い，価格や購読形態（冊子体か，電子ジャーナルか），契約内容について取次書店と調整を行います。それから，支払いのためのデータ作成や確認といったことも毎月行います。また，雑誌の購読を決定する委員会を定期的に開催しているので，その準備や議事要録の作成といった業務もあります。

　ほぼ毎日問い合わせのメールが来ます。内容は契約状況に関する

若手図書館員へのインタビュー　103

ものや，電子ジャーナルが見られないとか，そういったものです。必要があれば，書店へ連絡をし，対応をお願いします。データの管理が中心なので，基本，パソコンを使って行う仕事が多いですね。

——筆者も昔，東北大学附属図書館に勤務していました。その頃，雑誌情報係は非常に忙しい様子でした。残業はどれほど？

吉田 雑誌情報係に私は 4 月に異動したばかりなので，まだ全部は見えないんですが，本当に時期によると思います。契約の大詰めの時期になると残業時間が増えてきます。21 時〜 22 時までやらざるをえないときも。ただ，今はそんなに忙しくなくて，今月は全部合わせてもまだ 2 時間ぐらいしか残業はしていないです。

——図書館では，配属の係だけでなく，例えば展示会に向けてなど，横断的なワーキンググループに参加するケースもあると思います。吉田さんの場合は？

吉田 東北大学附属図書館に入ってから 2 年間は，教育支援ワーキンググループというものに入ってました。おもに学部生向けにレポートの書き方についてレクチャーするという授業が週 1 回ありまして，先生何人かと，図書館の職員何人かで，ひとり 1 コマずつ担当を持ちました。その 1 コマを運営するために，どのような内容にするかなどをワーキンググループで考えて，当日になったら講師をやって，レポートの評価集計もしました[3]。

---

3) この仕事については，本書第Ⅱ部の吉植庄栄さんによる寄稿「教壇に立つ図書館員：情報リテラシー教育業務を担当する大学図書館員の一日」も参照してください。

第 I 部　基礎編

あとは，図書館システム（貸出・返却処理や蔵書管理を行う一連のシステム）の更新（リプレイス）が5年に1回あるので，それに向けた調整のためのシステムワーキングというものに参加しています。このワーキンググループには入ったばかりなので，エピソードなどは特にまだ。ただ，リプレイスのときはすごく大変だといろいろな人にいわれるので，今からちょっとビクビクしてます（笑）。

―― 現在の雑誌情報係の前はどの係に？

吉田　東北大学附属図書館に採用後，最初は情報サービス課閲覧第一係という係に配属になりました。カウンターでの利用者対応や，利用者サービスを支える裏方での事務仕事がおもな業務でした。前職での経験もあったのでこの係に配属になったのかな，と個人的には思ったりするんですが。1日のうち何時間かはカウンターで貸出返却処理や，利用者からの問い合わせ対応。それから，返却された資料を本棚へ戻す配架整備。裏方では回答まで時間のかかる問い合わせの処理や，延滞本の督促，利用に関する統計資料や掲示物の作成といったことを行っていました。

体力勝負だった改修工事，閲覧第一係時代のエピソード

吉田　ちょうど図書館の改修工事が始まる時期に私は入ったので，途中からは改修工事関係の業務というのがかなり増えまして。新設されるフロアの図書館用品や図書館家具（書架，机，椅子など）の色を考えたり。改修工事の計画的なところにもかなりかかわってきました。改修工事業務と閲覧第一係の業務がいっしょにずっと続いて

いるような形でした。

——その頃は、残業は？
吉田 日中に利用者の対応をして、夜になって改修工事の業務をしてという感じだったので。リニューアルオープン前はかなり遅くまでやってました。そういう時期もありましたね。それは本当にイレギュラーだと思うんです。基本的にはそんなことにはならないはずなんですけれども。

——それは期間でいうとどのぐらい続いたんですか？
吉田 なんだかんだ、3か月ぐらい、体力勝負でしたね。

——改修工事後は図書館にどのような変化がありましたか？
吉田 交流の場、特に国際交流の場としての機能が増えました。カフェもできたりして、平日、カフェのところに行くと、留学生が結構たくさんいるんですよね。留学生と日本人学生の交流の場になっていたり、図書館以外の国際交流関係の部署から「実は図書館でイベントやりたいんです」という話が来るようになりました。

　というのは、やっぱり学生が集まりやすい場所というのが図書館みたいなので。講義棟のどこかでやるよりも、図書館でやりますというと来やすいということで。サークルの打ち合わせなんかにもよく使われています。本だけじゃなくて、多目的なスペースを提供するようになりました。

——閲覧第一係でカウンターに立っていた頃，印象に残ったエピ
　ソードはありましたか？

吉田　東北大学附属図書館にはかなり古い資料も多くあります。特
にコレクションとして，狩野亨吉先生の狩野文庫 4) があったりす
るんですけれども，そこを使う先生がいらっしゃって「これを探し
てる」って。探し出すまでに一週間ほどかかったのですが，パズル
のように，探して探して，やっとたどり着いて，先生に渡すときに
「いや，本当に探してたんだ，ありがとう」っていわれたり。そう
いうことがあると，よかったですね。

——逆に「ああ，これは失敗したな」，「こういう失敗ってあるん
　だな」といったことは？

吉田　本が見つからないって学生さんがいらっしゃったときに「じ
ゃ，探して明日連絡します」っていったんですね。それが金曜日だ
ったんです。次の日私はお休み。その学生さんが「どうなってるん
ですか」って土曜日に電話かけてきたんですけど，土曜日に勤務し
ている学生アルバイトの方に話をちゃんと伝えていなくて。月曜日
になってから，しまったと思って。結構怒られてしまいました。ち
ゃんといつ渡せるかの確認など，気をつけなきゃとそのときは本当
に思いました。

　ほかには，やっぱり毎日利用者の方と接するなかで，どうしても
「今，うまく対応できなかったな」というときや「ちょっとぶっき

　4）思想家・教育者として有名な狩野亨吉（かのうこうきち，1865-1942）
　　の旧蔵書で，哲学をはじめ美術，兵学などあらゆる分野に及ぶ世界的にも
　　知られた資料群です。

若手図書館員へのインタビュー

らぼうになっちゃったな」というときがあったりして。気持ちの切り替えも大事だと思います。

研修や出張，自己研鑽の機会は豊富。過去にはロンドン出張も

—— 閲覧第一係から今の係に異動になって，通算で2年半。日常，特に心がけていることはありますか？

吉田 閲覧第一係では特に利用者対応があったので，利用者は学生さんが多いんですけれども，気持ちよく使ってもらえて，またここに来たいなと思ってもらえる対応を，というのを心がけてました。

今は雑誌情報係に移って，裏方ではあるんですけれども，なるべく研究者の方や学生の方が，より研究しやすい，学習しやすい環境をつくるんだということを念頭に置いています。

あとは，職員同士も気持ちよく働かないとというところがあります。日々分館の担当者とのやり取りもありますし，電話やメールの応対はちゃんとしたいと思っています。

—— 東北大学附属図書館は，研修や出張についてはどうでしょうか？

吉田 研修は充実しています。図書館関係の研修なんかも，若手職員，積極的に出してもらえると思います。

出張も多いですね。いい経験できたなと思うのが，東北大学附属図書館に夏目漱石の生前の蔵書ですとか，そういった資料があるんですけれども，東北大学がロンドン大学と学術交流協定を結んだと

108 第1部 基礎編

きに，ロンドンの日本大使館でその展示会をしたんですね。その撤収作業に勉強になるから行っておいでということで，上司と行ってきました。日本大使館で展示されているコレクションを見たり，あとは終業後にはロンドンのほかの展示会を見て，展示の仕方について学んだり。

　上のような機会に「行きたいです」といえば連れてってもらえるというのは，すごくいいなと思ってます。

—— 自己研鑽や勉強会のたぐいはありますか？

吉田　東北大学附属図書館では有志の若手勉強会があります。係長以下の若手，何名かで構成されていて，数か月に1回集まって，2人ぐらいおのおののテーマについて発表して，それに対して意見交換するというようなことをしています。それでほかの分館の様子も知られたり，「あの人はあんな研究をしてるんだ」というのが分かったりしますね。図書館に関する論文を発表したりしている方もいらっしゃいます。

—— 女性が働きやすい環境かどうかですとか，その他福利厚生はどうでしょう？

吉田　男性と女性で待遇に差はないだろうなと思います。今，東北大学附属図書館本館に3人課長がいて，うち2人が女性です。福利厚生も，有休や，共済の制度はしっかりしています。産休，育休も取得されている方がいらっしゃいます。

若手図書館員へのインタビュー　109

図書館で働く際に求められるもの

―― 公共図書館と大学図書館で働かれた経験から，読者に伝えたい，
　必要な素養や技能は？

吉田　公共図書館で働くにしても，大学図書館で働くにしても，カ
ウンター対応というのは必ずどこかで出てくると思うので，それに
抵抗がないことというのは大事だと思います。きちんと相手の身に
なって，何をどう提供したらいいかとか，そういったことを考えよ
うという気持ちがあることですかね。私も日々勉強中です。

　あとはそうですね，公共図書館でしたら，特に私は地元じゃない
ところで働いたので，その地域についてもちゃんと知ろうという気
持ちとか，大学図書館ならその大学について知ろうとか。その図書
館の背景も知っておいたほうが，働くうえではいいのかなとは思い
ます。

―― 電子ジャーナルをはじめ，大学図書館ではデジタル資料を扱
　う機会が増えているかと思います。情報処理に関する技術も必要
　だと思われますか？

吉田　できるに越したことはないですね。IT機器を管理する部署
に異動することもあります。もしそういう技能を読者の方が持って
いれば，就職活動の際もどんどんアピールしていくといいと思いま
す。それこそシステムの更新などで，業務システムのしくみといっ
たものを理解しなきゃいけないので，そういう知識はあればあるだ
け大歓迎だと思います。

それと，もちろん，Word，Excel もそうなんですけど，何かしら使えるソフトがあったりすると役立つと思いますね。私はたまたま Illustrator[5] も使えたので，改修工事をしたときのリニューアルのパンフレットもつくったりして。はじめは担当係に所属しているからって，なんとなく私のところに仕事が来たんですけど，結果的に「いいね」といってもらえたりしたので持っててよかったスキルでした。

——読者に向けて，学生時代にしておくべきことは？
吉田　私個人の経験では，もちろん図書館に関することを勉強することも大事なんですけれども，それ以上に，いろいろなことに対してアンテナを広げて，いろいろな知識を吸収しておいたほうが，働き始めたときに役に立つのかなと。図書館って本当にさまざまな分野の本を扱うので。例えばガーデニングについて利用者から質問されるとか。大学図書館だと，公文書について質問されるとか。やっぱりそのときに，完全に「はてな？」になってしまうようだと，最初の対応ができない。「何々についてですね」って，なんとなくでもそれについて知っているということは，とても役に立つと思うんですね。

　私は学生時代，事業構想学部の事業計画学科というところで，公共交通を専攻に選んだんですけれども。そういった，図書館と一見

---
5) アドビ社が販売する，イラストやロゴ，ポスターなどをデザインするグラフィックツールソフトです。

関係ないような専攻も，働いてみると何かと役に立つ，のような。どこかの採用試験で「公共交通の勉強，役に立つの？」っていわれたことがありました。公共交通のなかでいかに効率よく輸送するかということを学んでいたので，「例えばサービスをいかに効率よく提供するかとか，そういったことに応用できます」みたいなことを答えたことがあったのを，今思い出しました。

—— 趣味やストレス発散ですとか，プライベートは？

吉田　プライベートは結構充実しているほうだと思います。月イチでフットサルとか，運動するようにして。冬は週末になると大体スノーボードに出かけています。そういうところで体を動かして発散してますね。

　あと，同期の人数が多くて，ほかの試験区分を合わせて 50 人ぐらいいるんです。その同期の子たちと遊んだりすることも。旅行に行ったりとか，そういうこともしますね。同期の数が多いのも，この職場の魅力のひとつかなと思います。

　プライベートといえば，公共図書館と大学図書館で大きかったのが休みの日の違い。公共図書館のときは土日も出勤で平日休み。シフト制でした。早番，遅番があって。東北大学附属図書館は基本的に土日がお休みです。

第II部

実践編

　第II部では，図書館員の現状にさらに迫るために，公共，大学，学校，国立，専門の館種ごとに，現職の方々へインタビューを実施します。大学図書館については寄稿もいただきました。インタビュアーは著者・後藤です。実施時期は2015年7月〜9月，各位のご所属や職位はインタビュー実施時点，寄稿時点のものです。各位の採用年度を記載していますが，前職のある方もいます。高橋さんと吉植さんの採用年度は，国家公務員試験（現・国立大学法人等職員採用試験）に合格し，初任で配属になった年度です。小林さんと草野さんは，図書館担当開始年度を記載しています。

　この改訂版では，米国のライブラリアンへのインタビューを追加しました。実施時期が2021年6月であること以外の事情は上記と同様です。

　各記事では図書館用語がしばしば登場します。注を複数付与しましたが，それでも，図書館員に関心を持ちはじめたばかりの人には分かりづらい場合もあるかもしれません。本書第I部第1章「図書館員の仕事」や「最近のトピック」などに図書館用語の説明が含まれていますので，必要に応じてそれらを参照してください。

公共図書館

成田亮子さん
秋田県立図書館企画・広報班副主幹
（兼）班長
採用年度：1993年度
出身学部学科：文学部史学科

いろいろな人が集まっていたほうがいい

—— どうして図書館員になろうと思われたのでしょうか？

成田 大学で司書の資格を取りました。就職を考えたときに，やりがいを持って働ける，待遇，素直に社会の役に立てる仕事といったら，そのときの自分にとっては，じゃ公務員になってと思ったんですね。

—— 成田さんは文学部史学科卒です。秋田県は郷土資料や古文書類が多い

> **1日のタイムテーブル**
> ①内勤の日の例
> 8:30 始業
> ・開館作業手伝い
> ・デスクワーク・打ち合わせ・イベント対応等
> 17:15 終業（残業の日も）
>
> ②外勤（市町村図書館巡回訪問等）の日の例
> 9:00 出発
> 10:30〜12:00 訪問先図書館（1館目）到着・会議
> 12:00〜13:30 休憩・移動
> 13:30〜15:00 訪問先図書館（2館目）到着・会議
> 16:30 帰着・残務整理

と思いますが，図書館情報学専攻でなく歴史学専攻で，仕事に役
立ったことはありますか？

成田　古文書や，江戸期からの古典籍や漢籍が蔵書のなかにもあり
ます。例えばちょっとした読み方とか，そういうのは学部の知識で
分かった部分が，少しはありました。

　あと，働き始めて身に染みて理解できるという部分がすごく多い
なと思ったんです。例えば目録・分類はただ机の上でやっているよ
りも，実際に働いて，何か困ったことに直面したりして，それを解
決しながら自分なりにテクニックとして覚えていく部分がすごく多
いと思いました。

　図書館情報学以外の専門分野の知識があるというのは，それはそ
れで強みだと思いますね。当館には農学部出身の職員もいます。そ
ういう人は理系の分野のほうに，選書だったり，レファレンスだっ
たりで自分の強みを発揮できる。いろいろな人が集まっていたほう
がいいと思います。

——お仕事のどういった点にやりがいを感じますか？

成田　人と接する仕事という部分が多いので，例えばレファレンス
でよい回答ができた，などですね。あと，イベントなんかで，とて
も喜んでもらえたり。やっぱりそういうことでしょうか，やりがい
は。

　また，人生のなかで仕事をしていくというふうに考えた場合でも，
とてもやりがいがあると思います。例えば，いろいろな人向けのサー
ビスがあるじゃないですか。子ども向けサービスだったり，シニ
アの人向けのサービスだったり，学校図書館とのつながりもあるサ

ービスだったり，障害のある人向けのサービスだったり。そのとき
そのときで自分の人生のなかで，いろいろな段階で，いろいろな仕
事をこなしていって，それが全部勉強になって，また次の担当にな
ったときは，それまでやってきたことを生かしながらやる。図書館
というなかで，それぞれの仕事に何年かずつかかわっていくと，経
験値も上がりますし，そういう意味ではいい仕事なのかなと。

——採用になって初めに配属された部署は？

成田　当時の呼び方で奉仕課[1] というところですね。そこのレフ
ァレンス担当でした。

　今はもう皆さん退職されてしまっているんですけど，当時はまだ
司書としてたたき上げで，何十年も図書館に勤めたという方が何人
もいらっしゃって。職人のような方ですね，書庫の古文書も全部頭
のなかに入っているみたいな，そういう方たちがいました。そうい
う先輩たちの背中を見ながら，なんとかレファレンスだったり，カ
ウンターに出たときの対応などを勉強していったと思います。

——時系列を追っていくと，その後どういった部署を？

成田　最初に奉仕をやって，その後は資料課というところに移って，
郷土資料の担当をやって，その後奉仕課に戻ってまたレファレンス
の担当ですね。そこまでで 10 年。1993（平成5）年から 2002 年ま
で奉仕，資料，また奉仕というふうになって。

1）パブリックサービスを担当する課を，図書館では奉仕課や情報サービス
　課などと名づける場合が多いです。パブリックサービスについては本書第
　Ⅰ部第1章「図書館員の仕事」を参照してください。

公共図書館　117

その後2003年〜2005年が秋田県立大学の図書・情報センターに異動していたんですけど，また戻ってきて，2006年がまた資料班（資料課から資料班という名称に変わっていました）で，2007年から今の部署です。企画・広報班。

結構怒られてしまって

——最初の部署についてお伺いします。「こんな質問もあるのか」みたいな，印象に残った利用者からのレファレンス質問はありますか？

成田 私が最初にやったのが，旧秋田藩の家臣の人たちの親睦団体というのがあるんですかという質問でした。東京の，多分歴史関係のライターさんだったと思うんですけど，「団体の連絡先を教えてください」という質問だったんです。

けど，なかったんです，団体自体が。江戸時代の経緯などいろいろあったようで。調べたとき，何の本を見たらいいのかも分からないし，地元の団体名簿を見たりして。周りの職員，先輩たちに聞いても分からなくて。

当時，図書館のなかに古文書課というのがあって，嘱託の人が古文書の翻刻をやってたりする部署なんですけど，そこのベテランの，郷土史をずっとやっている先生に聞いたら「ないんだよ」って（笑）。

それで「ないです」という答えをしたら，結構怒られてしまって。初めてやったレファレンスで，電話の向こうから「頼りにならないな」とか「ちゃんと調べたの？」とかいわれました。

118 第Ⅱ部 実践編

―― 大学の授業だと，もちろん答えはあって，これはこう調べますという定番のレファレンスブックなんてあるんですけど，そもそもなかったと。

成田 なかったですね。どう転ぶか分からないことばっかりなので，レファレンスを実際にやってると。新卒でやると緊張しますね。

それでも，一番勉強として役に立ったのは，過去に残っていたレファレンスの記録をひたすら読み返すという。大学で習うツールって，一般的なものなんですが，公共図書館だと地域資料の質問がすごく多いので，それはやっぱり地元の資料じゃないと分からないんですよね。例えば「幕末の頃の藩士の名簿的なものはあるか」とか「明治，大正にかけての，秋田県の役所の管理職についての経歴を調べている」とか。そういうときに，地元で出ている，そういうちゃんとした資料があったり。そうしたレファレンスの記録から，すごく勉強することが多いですね。

―― 初任のレファレンスの次は資料課の郷土資料ご担当。そのときはどんなご経験を？

成田 郷土資料って，買うだけではなくて，いただくものがメインだったりする。古いものを探して古書店から買うとかですね。普通の一般的な新刊図書や雑誌とまた全然違う世界なんです。対利用者の仕事だけをそれまでやっていたので，実際に図書館のコレクションというのがどういうふうにつくられているのか，あらためて勉強になりました。

「この郷土資料って入ってませんか？」みたいに聞かれたときに，「それはこの前，あそこから送られてきて，今整理 2) の途中のこ

公共図書館 **119**

の段階にある」とか「もうちょっとたったら提供できる」とか，そういうことはやっぱり，受け入れして，整理して，排架するまでの流れをちゃんと分かってないと，答えられないので。

あとすごくマイナーな，地元で出ている同人誌なども，実際に資料が入ってきたところから，目で見て，自分の手で書庫に整理するというのをやってると，すごく資料にも詳しくなる。

そういう面で，カウンターの仕事も図書館の顔なので大事なんですけど，やっぱり資料の整理は，ひととおり図書館の仕事というのがどういうふうに流れているのかを知るためにはすごく重要だと思います。

—— 秋田県立図書館のウェブサイトを拝見してきましたが，郷土資料のデジタルアーカイブもやってらっしゃいます。

成田　普段，ただでさえ書庫の奥にしまってあるものなので，なんらかの形で，こんなものがあるんだよというのをちゃんと外に出すというのは，とても大事なことだと思います。

県立大学への異動

—— 資料課の次はまたレファレンス担当に戻って，そのあとに秋田県立大学図書館に。これは成田さんのご希望で？

成田　いえいえ，まったく。3月にいきなり「異動するから」って

---

2) 本書第Ⅰ部第1章「図書館員の仕事」で紹介したテクニカルサービスのうち，おおむね③と④を整理業務または整理といいます。広義には，テクニカルサービスと整理業務は同義です。

いわれて。

―― たしかに県立大学ですから，そこへ異動の可能性はあるわけ
　ですね。

成田　まあ勉強になりましたね。すごく勉強になりました。

―― それは具体的な仕事内容なのか，それとも公共図書館と大学
　という，組織の文化の違いなのか。

成田　両方ともですね。小さいところだったので，図書館の正職員
が私ひとりで，あと臨時職員の若手の女性が3人いてという体制だ
ったんですけど。事務局のほかの同僚は皆さん図書館じゃなく，教
務などのお仕事だったので，結局実務をやる正職員はひとりで。

　秋田県立大学は理工系です。私立文系，しかも文学部史学科を出
たような者が理工系の大学に行って，いきなり英語の理工系の文献
ばかりで。周りの人は，県立図書館で10年もやってきたんだから，
慣れてるでしょ，大丈夫だよねって，そういわれるんですけど，最
初のうちは雑誌の取り扱いやILLなど，そういうことを覚えるの
で精いっぱいだったですね。

　いろいろな会議録などの取り寄せを頼まれても，扱ったことなど
それまでないので，どういうルートで調べたらいいんだろうかと。
特許，規格，そういうものもどこから出てる，どういう資料に掲載
されているのか，知識としてなんとなくぼやっと分かるんですけど，
実際にやるのは初めてで。実際にやってみて先生方から催促が来た
りするので，毎日毎日，必死な感じでしたね。

　あるとき，事務局の人が怪我で入院してしまって，その間，人手
不足だから，私も普段は図書館にいたんですけど，急遽，事務局の

公共図書館　　121

業務も手伝うことになって，シラバスの編集したりして（笑）。先生たちに連絡して，未提出の人に催促をしたり。

そんなふうに少し大学の仕事もやって，それはそれで，大変だったんですけど，面白かったかなと。県立図書館は教育委員会なんですけど，県立大学は知事部局。学校の先生が多い教育委員会の風土と，全然違う「お役所」という知事部局の雰囲気との違いも分かったので。

「打って出る図書館」

——大学が3年間で，そのあとにまた，この県立図書館に戻って来られて，資料班と，現在の企画・広報班。企画・広報班というのは，具体的には？

成田 市町村図書館や学校図書館の支援，広報，イベント関係のことですね。展示だったりセミナーだったり。

——県立図書館は市町村立図書館のバックアップと一般的にはいわれます。市町村立図書館へ資料の貸出などをされますか？

成田 はい。あと，訪問して，サービス面や図書館の運営などで，何か課題があるというところに助言をしたり，事例の情報提供をしたり。

秋田県は，公立図書館に関しては，県立図書館一極集中的な面がちょっとあるんですね。だから，「打って出る図書館」をキャッチフレーズに，市町村にどんどん出かけていって，バックアップしますよと。

122　第Ⅱ部　実践編

―― 職場の実情や，制度的なこともお伺いいたします。傾向として，図書館員には女性が多いと思いますが，成田さんのご経験上も，事務や行政の試験区分から配属される部局に比べて，公共図書館は女性の方が多いですか？

成田 そうですね，多いと思います。

―― 出産，育児をしやすいような環境は整っていますか？

成田 整っていて，非常に理解のある職場だと思います。

―― 自治体によっては最初から，司書の試験区分すらない自治体も多いです。あったとしても，図書館以外の部局に異動がある場合もあります。秋田県の場合は，本人が希望すれば，ずっと図書館畑？

成田 それが秋田県も厳しくてですね，司書で私が採用された1993（平成5）年で，いったん司書の枠というものがしばらくなかったんですね。その後2012年に復活しまして。その間の人たちは，ひとまとめに行政の試験区分などで採用になって，そのなかで本人の適性や資格を考慮して配置されるという感じですね。

　だから，私は1993年に司書として採用だったので，たまたまずっと長くいるんですけど，私の後に入ってきた人は普通に学校事務などに異動して戻ってきたり。でも，それはそれで，いい面もあります。

―― 図書館の外の世界を見られる，のような？

成田 そうですね。あと，人を覚えるのが一番いいと思いますね。

公共図書館 **123**

――人を覚える。

成田 はい。県庁内の。知己が増えると連携しやすくなるというのもありますし、専門のことだけやってると、役所のなかで相手にされない、的なね。予算の折衝だったり、こういう新しい事業を始めるという説明をしに行ったりするときも、ちょっとこう、図書館にしかいない人が、何を分かるんだという、そんな感じがありますね。それをはねのけるためには、あそこの部署にもいたことがある、ここにもいたことがある、というキャリアがあったほうが絶対有利だと思います。

　以前、県立図書館分館の「あきた文学資料館」というところがオープンしたとき、オープニングイベントに出席した来賓の方から「あなたたちは学芸員？」と聞かれて。「いえ、司書です」といって「ああ、司書という方々なの」と。必ずしも世の中の人みんなが分かっているわけではない。そこで図書館の専門の職員として、きちっと仕事をしていくには、中ばかりにいて、ここのことしか知らないというよりは、いろいろ経験して、「あそこに頼めば、この案件は通る」とか、ちゃんとそういう、役所のなかでの立ち位置も知っていたほうがよいと思います。

秋田県立図書館の課題解決支援サービス

――秋田県立図書館の課題解決支援サービスのことをお伺いでき

ますか？

成田　例えば当館は健康情報のコーナーをつくっています。もともと最初，普通にNDCの49（医学，薬学）の棚[3]のところに，専門家向けの本も，一般の人向けの，ちょっとした健康法などの本も全部いっしょに置いていたんです。だけど，そういう提供の仕方って不親切じゃないかということになって，それで一般向けの読みやすい啓蒙書的なものや，日常の健康法のようなものだけ独立させて，健康情報コーナーというふうにつくりました。専門的な情報がほしい方は，通常のNDCの49の棚へどうぞとなりますし，日常的な，ちょっとした情報がほしい方は健康情報コーナー，というふうになっています。対象によって分けた形です。雑誌や関係機関のパンフレットなども置いて，さまざまな情報が得られるポータル的なコーナーをめざしました。

　公共図書館なので，さまざまな情報を求めて，さまざまな人が来るんですけど，そのなかでそれぞれの人の属性に合わせて，その人がどういう情報を一番求めているのか。それを考えたときに，それは自然に，イコール課題解決支援ということになったんですね。

　高齢者の人だったら医療や健康情報だし，当館も絵本の部屋がありますけれども，そこに来る子ども連れのお父さん，お母さんには子育て情報のコーナーを設けたらいいのではないか，などですね。あとは，今活躍している世代の方向けにビジネス情報コーナーとか。そういう考え方でコーナーをつくったり，関連のセミナーを開催したりしています。

───────────────

3）NDCについては本書第I部の吉田芙弓さんへのインタビューの注1を参照してください。49は「医学，薬学」をあらわします。

公共図書館　125

―― ビジネス支援サービスに関する具体的な相談にはどのような
　ものが？

成田　例えばデザイナーさんからの相談で，秋田県産のサクランボ
をブランド化して売り出すためパッケージなどをデザインするとき
に，いろいろ品種のことについて調べられたり。高級志向のリンゴ
ジュースを開発するときに，リンゴについて西洋と日本で，それぞ
れリンゴが栽培されたきっかけについてとか，リンゴが出てくる神
話とか，そういうものを。そのときは結局，画家のセザンヌがよく
リンゴの絵を描いていて，その絵をパッケージに使うことになりま
した。

―― 成田さんが書かれた記事にもありましたが[4]，図書館なので，
　専門的な資料や情報以外にも，いろいろな資料があるじゃないで
　すか。だから最初は専門的なことを調べたかったんだけど，結果
　的に図書館という，いろいろな資料・情報があるという場である
　ことが役に立つ，という？

成田　はい，そういう事例だと思います。

　ほかには，起業の事例より，現在の企業さんの製品開発の関係の
質問が多いと思います。ほかの職員が担当した内容だと，もみがら
って，使いみちに困るんですね。田んぼで燃やしてしまったり。あ
れを固めて，コルクボードみたいなボードにして販売している会社
が秋田にあるんですけど，そのときにその固めるノリについての文
献を調べたり，そういうこともありました。

4）成田亮子「公立図書館におけるビジネス支援サービスの現状と課題」
『専門図書館』2011 年，no. 247, p. 9-14.

126　第Ⅱ部　実践編

自分の勤務先にいてそこでだけ，だともう生き残れない

—— 秋田県立図書館の今後の課題は？

成田 今現在，秋田県として「地方創生」を今年度のキーワードに掲げています。例えば少子高齢化への対応，産業振興，雇用の創出，移住・定住対策など，いくつかあるんですけれども，もう少し県全体の課題というのに，図書館としても今後は目を向けていく必要があります。

　あと，県民全体の読書推進もひとつの大きな施策です。2011年から2015年まで，「秋田県読書活動推進基本計画」というのがありまして。それが今年度最終年度で，県立図書館でもさまざまなイベントをやったり，市町村向けの研修会をやったりしてきたんです。計画が今年度で終了するので，その成果を検証して，第2次の計画を知事部局のほうが中心になって立てています。そのなかで県立図書館として，実際に県民に直接サービスする部分と，市町村の図書館や学校図書館のバックアップをする部分を，もう一度整理して。サービスの内容も再検討して，県立図書館としてどういう取り組みができるかを考えているところです。

—— 図書館員に求められる資質，こんな人が向いている，身につけておいたほうがよい知識，技能に関してご意見は？

成田 中学生や高校生の職場体験だと，必ず出る質問です（笑）。司書資格を取ろうとしている人は，たいてい皆さん，本が好き，図書館が好きという人だと思うんですけど，往々にしてそういう人っ

公共図書館　**127**

て，わりとおとなしい人が。どちらかというとひとりで静かに本を読んでいるのが好きな人が多いですよね。でも，公共図書館だとそれよりも，むしろ人と接するのが得意な人のほうが向いてるんじゃないかなと思いました。

というのが，（先ほども話題に出たように）私より下の世代は，他部局から異動で回ってくる人たちも多いのですが，そういうなかでも，すごく「ああ，向いてるな」と思う人って，やっぱりいるんですよね。とにかく人と話すのが好きとか，いろいろなことに興味，好奇心が強くて，レファレンスで頼まれても，さまざまな分野の多様な本を見て，いろいろな情報を質問者に提供できたり。

特にビジネスレファレンスだと，「今度サクランボのパッケージつくるんですけど」みたいな，おおまかな感じで調べに来た人に対して「じゃ，サクランボが日本に入ってきたのはいつで」とか「品種で有名なのはこういうのがあって」とか「糖度の測り方はこうで」とか「サクランボが出てくる昔ばなしや童話にはこういうものがあって」とか，いろいろな切り口からの情報提供をしたりして。そうすると，質問しに来た人も，やっぱり助かるんですよね。すごく評判がよかったりします。

必ずしも，司書のお勉強だけがんばってやってればいいというわけではなくて，いろいろな分野の，いろいろな知識を。とにかく興味があったらいろいろな本を読んだり，さまざまな人と会って多くの体験をしたり，そういうことが役に立つんじゃないか。ちょっとした「これはあそこで聞いたことあった」というのが，レファレンスや選書する場などで役立ったりするので。

あとやっぱり，勉強をこつこつ，自分でも続けていかないといけ

128　第Ⅱ部　実践編

ないと思います。この業界も，どんどんいろいろな新しい動きが出
てくるじゃないですか。自分なりに情報収集したり，あちこち出か
けていって，人の話を聞いたり，人と会ったりして，新しい情報を
常に仕入れていられるように，勉強できるような人でしょうか。

—— 成田さんご自身も，ビジネス支援図書館推進協議会 5) の理事
　をされておられます。外部のそういった協議会，研究会，研修会
　はたくさんありますよね。どちらかといえば積極的に，輪に入っ
　ていくような意識を持たれているのでしょうか？

成田　そうですね，はい。図書館は本を借りるだけの場所ではなく
なりました。これからも，世の中の動きに合わせて変わっていくと
思います。自分の勤務先にいてそこでだけ，だともう生き残れない
と思います。積極的に，いろいろな人と連絡を取ったり，情報を集
めたり。この時代にそれはすごく必要だと。私も全国の図書館関係
の知り合いがたくさんできて，仕事で助けたり助けられたり，ヒン
トをもらうことも多いです。

そこに司書という人間がいて

—— 具体的に「図書館員をめざす人にお薦めだよ」という本はあり
　ますか？

成田　レファレンスだったら，ちょっと前の本ですけど，大串夏身
先生の，都立図書館勤務時代のことを書かれた『ある図書館相談係

---

5) 2000 年に設立された団体で，「ビジネス・ライブラリアン講習会」や
　「ビジネス支援レファレンス・コンクール」などの取り組みを行っています。

公共図書館　129

の日記』[6]。だいぶあれを読んで「レファレンスってこういうものなんだ」という。大学の勉強だけでなく，実際に現場で経験して，身につけていくことがすごく多かったので，「現場でこうなんだよ」という体験談のお話が，すごく参考になりました。

——「将来はこういった図書館員になりたい」あるいは「こうなるんじゃないか」といったビジョンやご意見はありますか？

成田　将来ですか。将来のビジョン。むずかしいですね。

—— 図書館員としてご自身がでも結構ですし，図書館はどうなっていくか，という観点でも結構です。

成田　今，やっぱりすごく注目を集めているのって，人が集まる場としての図書館ですよね。サードプレイス[7]というんでしょうかね。そういう要素がどんどん強くなっていくのではないかと思います。

　例えば自分の勤務しているところ，どうなっていくんだろうって。ただそのまま今までどおりの図書館サービスを続けていたら，今行政もどんどん人も切られますし，お金も切られるので，廃止になっちゃったりする可能性だって，なくはない。じゃそこで，ただ単に生き残るというだけじゃなく，地域社会に貢献をして，そのうえで必要なところだと認めてもらうためには，どうあったらいいのかと

6）大串夏身『ある図書館相談係の日記：都立中央図書館相談係の記録』日外アソシエーツ，1994年，205p.

7）米国の都市社会学者レイ・オルデンバーグ（Ray Oldenburg）が提唱した概念で，自宅（ファーストプレイス）でも職場（セカンドプレイス）でもない，自分らしさを取り戻せる第3の居場所とされます。

いうことを考えたら，人と人が出会える場，機能が今後は必要かなと思っています。

　でも，基本は情報提供なんですよね。情報に接することができて，それを活用できるヒントがあって，それを整理して，提供してくれる司書がいて。コンピューターで検索するんじゃなくて，ちゃんとそこに司書という人間がいて，道案内的な役割をする。そこで何か新しい，人のつながりであったり，地域の文化的な動きなどが生まれてくるという，図書館はそういう場でありたいと思っています。

国立情報学研究所
および
大学図書館

高橋菜奈子さん

国立情報学研究所学術基盤推進部
学術コンテンツ課副課長
採用年度：1993年度
出身学部学科：文学部史学科
出身研究科：文学研究科（博士課程前期修了）

―― 高橋さんは大学図書館勤務を経て，現在，国立情報学研究所（以下「NII」）で勤務されています。まずは図書館員になろうと思った理由をお伺いします。

高橋 学生時代は歴史学を専攻していまして，研究をしたいと思っていました。ただ悩みもあって，このまま大学の研究者というポストをめざすより，図書館もひとつの選択肢かなと思ったんです。大学3年のとき司書講習に行って，ひとつ

1日のタイムテーブル	
5:30	起床・家事・朝食
8:00	通勤
9:15	出勤
午前	メールチェック 会議・打ち合わせ（1本） ・課内での相談ごとが多い。
12:00	昼休み
午後	会議・打ち合わせ（1〜4本） ・大学との大きな会議や委員会（年10回程度）の準備 ・課全体での戦略会議は月2回（午後全部） ・イベントや研修・セミナーの企画・実施
18:00	軽く夕食
残業	作業的なタスク ・予算編成などの作業や資料作成を集中して行う
21:00	退庁
22:00	帰宅

の選択肢だねという感じで，オプションとしては持ち続けていて。ある時点で，もうこっちの世界に行きましょうかと。

―― どうして館種は大学図書館だったのでしょう？

高橋 自分にとって図書館のイメージは，研究をサポートする大学図書館だったんですね。

大学図書館でのさまざまな実務。NII に移り，仕事の幅がさらに広がる

―― そして最初は，東北大学の附属図書館に勤務された。その後，いろいろな大学図書館を回られています。今までどんな図書館でお勤めに？

高橋 最初，東北大が 3 年で，和漢書の目録作成の担当をしていました。そのあと異動して新潟大に 4 年。同じ目録係に配属されました。そこでは貴重書の目録整理をやりました。目録を 3 年，そのあと 1 年間が参考調査[1] と ILL[2]。情報リテラシー教育の仕事もし

---

1) レファレンスサービスのことです。レファレンスサービスは参考調査，参考業務，参考事務などと訳されます。大学図書館では，レファレンスサービスを担当する係の名称が参考調査係などとされる場合があります。レファレンスサービスについては本書第Ⅰ部第 1 章「図書館員の仕事」を参照してください。

2) 本インタビューには ILL（interlibrary loan. 図書館相互貸借（または単に相互貸借））, 情報リテラシー, 機関リポジトリ, NACSIS-CAT/ILL, SPARC Japan, CiNii といった用語が登場します。これらについては本書第Ⅰ部第 1 章「図書館の種類」,「図書館員の仕事」,「最近のトピック」を参照してください。

134 第Ⅱ部 実践編

ました。そのあと，宮城教育大学に移って 2 年間。小さな大学だったので閲覧も参考調査も ILL も，サービス全般をやりましたね。

それから一橋大学。ここが一番長くて，8 年間いました。最初 5 年間が目録畑。残り 3 年が機関リポジトリの担当になったんです。それに関していえば，新潟大学の頃から貴重書のデジタル化業務をしていたので，通じるものがありましたね。

そして NII に移って，現在 6 年目になります。NII も最初は NACSIS-CAT/ILL の担当係長という，目録の仕事でしたが，今は専門員を経て副課長になり，リポジトリも担当するしオープンアクセスの関係で SPARC Japan も見ています。仕事の幅が広がってきていますね。

——転勤を重ねていらっしゃいますが，希望は通ったのですか？

高橋　そうですね。非常にラッキーだったと思います。主人の転勤に付いて，同じタイミングで異動させてもらいました。当時は国立大学同士であれば異動の可能性があったんですね[3]。

3）現状では，異動に関して，各地区の採用試験実施委員会のウェブサイトには例えば次のとおり記載があります。記載がない地区もあります。
「Q：採用後，別の国立大学法人等に移りたいと思った場合，転勤は可能ですか？
A：基本的に不可能ですが，特別な事情がある場合で，志望機関に欠員等があれば異動が可能な場合もあります」（東北地区国立大学法人等職員採用試験実施委員会．"Q & A"．https://www.bureau.tohoku.ac.jp/shiken/100%20qa.html,（参照 2024-01-28）.）

国立情報学研究所および大学図書館 | 135

資料の保存を意識した展示，デジタル化と権利処理

—— 一橋大学では，展示の仕事をされていらっしゃいますが，資料の保存を意識した展示をされていたと，高橋さんの書かれた雑誌記事を拝読しました[4]。

高橋 保存は一橋大の図書館の伝統です。「社会科学古典資料センター」という，西洋の貴重資料を所蔵する施設がありまして，そこでは修復・保存の工房もあります。保存に非常に力を入れているんですね。私が勤めていたのは中央館で，そちらは西洋古典ではなく和古書のほうでしたが，展示をするのであれば少しでも資料を傷めないよう，西洋古典の手法を見習わなければいけなかった。

　あと，これも一橋の特徴ですが，複本（複数の同じ本）を買わないんです。複本を買う分，本を一冊でも多くそろえようという方針ですね。一冊だけだから代替が効かない。そういう意味でも，保存に気を遣う必要がありました。

—— 保存については，現在のキーワードはデジタル化ですよね。デジタル化してそっちを見てもらえば，原本自体は傷まない。ただ，資料をデジタル化するときに，権利処理でいろいろあったとお聞きしました[5]。

高橋 デジタル化はやるべきだと本当に思います。日本の文献のデ

4）高橋菜奈子「一橋大学附属図書館における公開展示事業と資料保存」『大学の図書館』2006 年，vol. 25，no. 3，p. 35-38. https://hdl.handle.net/10086/13403，（参照 2024-01-28）.

ジタル化の量が足りな
いのが，現代の最大の
課題です。海外の文献
はネットから見られる
のに，日本のものが見
られない。海外で日本
のことを勉強している
方々から要望があるんです。

　古典は著作権処理がいらないので，早い時期からデジタル化が始
まっています。古典のデジタル化は保存のためという性質が強いと
思いますが，私は新潟大にいた頃から，研究のためにこそデジタル
化をすべきだと思っていました。研究のためには，古典籍なら絵に
なる部分だけでなく全ページ撮らないといけないし，やっぱり現代
の本もやらなきゃいけない。そのとき課題になるのが著作権で，そ
の処理に取り組んだのが一橋大のときでした。普通なら著作権者を
探し，許諾を得て公開しますよね。著作権が切れていないけど古い
本には，著作権者が見つからない場合がある。それをどう処理する
か。最終的には文化庁長官裁定という方法[6]があるから，それを
やってみました。手間はかかる。しんどいからやらないと皆いって
いるんだけど，どんなにしんどいかをやってみましょうというのが，
一橋のときにやった文化庁裁定での公開です。

---

5) 菅原光，高橋菜奈子「文化庁長官の裁定による著作物の利用実践報告：著
作権法第 67 条から第 70 条の適用による電子化資料の公開」『大学図書館研
究』2011 年，no. 93，p. 27-35. https://doi.org/10.20722/jcul.84,（参照 2024-01-
28）.
6) 本書第 I 部第 1 章の注 44 を参照してください。

――国立国会図書館ですと，その後の法改正で資料のデジタル化・館内での提供や，絶版等資料の送信ができるようになりましたが[7]，大学図書館で同様のことをしようとすると究極はその方法になりますね。公開によって権利者が名乗り出てきたりするものですか？

高橋 うーん，ほとんど反応はなかったですね。だから本当は著作権法自体をなんとかしたほうがいいのでしょうけど，ひとまず文化庁長官裁定をやったらどうなるかをやってみなきゃいけないと思ったんですね。

学術情報をどうとらえていけばいいか，みんなが考えられるチャンスがある

――現在ご所属のNIIについてお伺いします。この組織は，国立大学の図書館員が異動してきて何年か在籍し，中央の学術的なインフラにかかわる仕事をして，またもとの大学に戻っていくという場であると伺っていますが？

高橋 人の流れはそうです。もちろんNII採用という人もいますが，大学から人事交流で時限つきで来ていただき，大学図書館とNIIの考えやアイデアをお互いに共有する。学術情報をどうとらえていけばいいか，みんなが考えられるチャンスがある，ということかと思います。

---

7) 本書第Ⅰ部第1章「最近のトピック」を参照してください。

——となると，国立大学の図書館員のキャリアパスのひとつであるわけですね。

高橋　はい。もちろん人によってNIIに来る人もいれば，ある大学図書館から人事交流でほかの大学に行くこともありますし，国立国会図書館に行かれる方もいます。やっぱりずっとひとつの図書館にいると当たり前だと思っていたことが，外を見れば違う考え方もあって，目が開かれるということがあります。

——NIIの役割について，教えてください。

高橋　2つの顔を持ってます。ひとつは大学図書館や大学向けの情報サービスを提供する機関。そのなかで，大学図書館の目録システムを支えるというのが一番伝統的な情報サービスです。それ以外にも，情報を検索するCiNiiなどのサービスを提供しています。新しいのは機関リポジトリで，大学の情報発信のお手伝いをするのがNIIの情報事業部門である学術基盤推進部ですね。あと，あまり知られていないですが，アカデミックネットワークを全国に敷いています。SINET（サイネット）[8] という大学をつなぐネットワークで，民間のプロバイダのネットワークとは違うものです。

　もうひとつの顔は，2000年に国立情報学研究所と名称を変えましたが（その前は「学術総合センター」），そのときから情報学の研究

8）日本全国の大学，研究機関などの学術情報基盤として，NIIが構築，運用している情報通信ネットワークです。米国Internet2や欧州GEANTをはじめとする，多くの海外研究ネットワークと相互接続しています。本書初版刊行後，SINET5が登場し，さらに2022年4月からは，SINET5を発展させたSINET6の本格運用が始まりました。
　SINET6. https://www.sinet.ad.jp/,（参照 2024-01-28）.

国立情報学研究所および大学図書館　**139**

所としての役割が生まれてきています。最先端の情報学の研究を進めようというのがもう一方の顔です。

——NII 学術コンテンツ課の副課長として，今はどういった活動をされていますか？

高橋　学術コンテンツ課は大学図書館向けのサービスを取りまとめているので，副課長としては各サービスの状況を把握し，適切な方向へと進めていけるようにしています。

　また，対外的な窓口の役割もありますから，大学図書館と NII との連携・協力推進会議の事務局を務めています。大学全体を取りまとめつつ，学術情報をどう発信していくべきか，それを打ち出すのが大学共同利用機関としての NII の立場です。

　その意味で SPARC Japan は，オープンアクセスを推進するにはどうすべきか，その課題をどう克服し，何に配慮すべきかを皆がディスカッションする場として NII が提供しているものです。この活動は自分自身がコミットして進めています[9]。リポジトリも，オープンアクセスのひとつの手法だと思います。これは大事に育てていこうと思います。

どうやって紙の本以外のものを探させ，使ってもらえるようにするかが現代的な課題

——機関リポジトリの構築だけでなく，研究を活発にするための

---

9) 高橋菜奈子「SPARC Japan のオープンアクセス支援活動と図書館」『専門図書館』2012 年，no. 256，p.6-13.

リポジトリの活用についてもお考えだとか[10]。

高橋 機関リポジトリはいろいろなとらえ方があると思うんです。でも基本的には研究を発信し，より促進していくために活用されることが大事です。もうひとつは，大学としてこういうことをやっているんですよというのを，市民の方に見ていただく。その2つの役割があります。

研究を加速化していくという意味では，やっぱり使ってもらわないといけない。一橋では大学の歴史的資料をデジタル化して公開し研究に利用してもらおうと，研究グループと共同でプロジェクトを進めていました。利用してもらう代わりに，成果をリポジトリにちゃんとセルフアーカイブしてもらう。研究とリポジトリが一体になった使い方のモデルとしてやってみました。それはどこまでうまくいったか自信はありませんが，振り返れば大学の資料をちゃんと公開するということは，間違ってはいなかったと思います。

―― 目録のお話もありましたが，最近はERDB[11]についても論文

---

10) 高橋菜奈子「機関リポジトリとデジタル・アーカイブの架け橋：一橋大学の福田徳三関連事業の挑戦」『大学図書館研究』2009年，no. 85，p. 74-80. https://doi.org/10.20722/jcul.1305，（参照 2024-01-28）.

11) Electronic Resources Database（電子リソース管理データベース）の略です。その目的や概要について，NIIのウェブサイトに次のとおり記載があります。「大学図書館の連携により，電子リソースに関するデータ共有のための基盤を構築することで，紙媒体を中心とした従来の総合目録データベースと併せて，電子媒体および紙媒体の学術情報への迅速かつ的確なナビゲートを実現し，利用者の学術情報のアクセシビリティを向上させることを目的とする」（国立情報学研究所."ERDB（電子リソース管理データベース）". http://www.nii.ac.jp/content/erdb/about/，（参照 2016-01-17）.）。
以上は本書初版時点の情報ですが，現在では，NIIのウェブサイトに次

で言及されています¹²⁾。

高橋　目録は私にとっては一番長い仕事で，図書館をめざしている人にとってもおそらくまっさきに念頭にのぼることだと思います。要は本をどのように探させるかが目録だと思うんですね。昔だったらカードの目録。私の司書講習のときはカードを書かせるという講習でしたが，私が就職した頃から目録は端末にデータを打ち込むものになっていました。大学図書館の場合は，NACSIS-CAT という，30 年ほど前に NII が始めたサービスがあって，それにデータを書き込んで目録をつくるというのが基本の仕事です。

　それで 30 年間やってきたわけですが，ただそこで対象になっていたのは，昔ながらの図書館的な資料でした。一方で，大学や研究という観点から見たときには，図書館の紙の本以外にも必要なリソースがあります。どうやって紙の本以外のものを探させ，使っても

のとおり記載があります。読者の理解の助けになると判断し，初版の記述も消さず，両方ともこの改訂版に掲載いたします。

　「電子リソースについては，タイトルが急増して情報の把握が困難となり，その管理が大きな課題となっています。特に現在，多くの大学図書館では，国内の電子リソースのデータ（特に J-STAGE や NII-ELS 以外の非パッケージのデータ）をほとんど把握できずにいます。そのため，国内外の大学図書館を始めとする学術機関は国内の電子リソースを利用者に対して適切にナビゲートできず，またその問題に対応しようとして，同じようなデータを個別に作成する，非効率な作業が発生していました。

　そこで，電子リソースに係るデータを共有するという観点から，ERDB プロトタイプ構築プロジェクトとして検討し，その成果の一つとして ERDB-JP を構築しました」（国立情報学研究所．"ERDB-JP の概要"．https://erdb-jp.nii.ac.jp/ja/content/about_erdb-jp,（参照 2024-01-28）.）。

12）高橋菜奈子，大向一輝「電子リソース管理データベース（ERDB）プロトタイプ構築プロジェクトの 1 年」『大学の図書館』2013 年，vol. 32, no. 7, p. 122-125.

らえるようにするか，それが現代的な課題です。ローカルな記述ルールを覚えることが目録のプロというイメージになってしまうのは，あまりよいことではない。目を外に向けたときにこぼれ落ちているものがいっぱいある。それをどうやって研究者，学生に届けるかということを考えるべきです。そのひとつが電子リソースです。ERDBのプロジェクトがそうして生まれてきました。狭い世界だけに力を入れているのは効率が悪い。もっと目録自体を簡単につくれるようにして，それ以外の仕事に力を割く必要があります。リポジトリの仕事とか，図書館にはいろいろな仕事が増えているわけで，そこに力を注いでいけるようにしたいですね。

——大学図書館からNIIに来て，現場と違う点で苦労した部分は？

高橋　そうですね，まったく違うところだったので（笑）。何が一番驚いたかって，多くの人が自律的に働いていて，その報告メールがすごい量で飛び交う，そのメールの量ですね。いろいろなことが自動で回転しているなか，私はNACSIS-CATのマネージャーとしてポンと来て，戸惑いました。図書館の現場にいると自分で手を動かす，サービスするという仕事ですが，NIIはいろいろな人が小さな固まりでそれぞれ仕事をし，それを組み合わせて大きなものをつくる。働き方としても，自分でやりたくなって手を動かしちゃうと，絶対的に時間が足りなくなる。人に任せる，そのためにはどうすべきかを考えないといけない。そういう働き方に早くスイッチできるかどうかが重要で，そこに気づくまでは戸惑いました。

——プロジェクトを進めるなかでほかの人とぶつかった経験は？

国立情報学研究所および大学図書館 143

高橋 私はあまりぶつかって困ったことはないですね。ただ，すごくディスカッションはしています。それはぶつかっているとは思っていません（笑）。何をするときも，いろいろな人とディスカッションしていますが，感情的な議論はあまりしたことがないですね。ただ，ディスカッションを積み重ねる苦労はあります。

——高橋さんは，NII のあとどこかへ移られることも？

高橋 そうですね，私の場合はもともと人事交流で来たんです。3年たったら戻らないといけなかったのですが，NII に残りたいといって，仕事を続けさせてもらっています。ただ，大学図書館の場合には，課長クラスに昇進すると基本的に全国区の異動の枠組みに入ります[13]。私がもし昇進したら，自分で場所を選べなくなっちゃうわけです。もちろん家庭の事情など，希望はある程度聞いてもらえるとは思いますが，基本的には全国区になります。課長になっても，自分の組織しか知らないというのはあまりよくないですよね。行く先も大学図書館とは限らないと思うんです。いろいろなところを経験しなければいけないと思います。

英語，コンピューターの知識・素養，「学問とは何かを感じ取る」こと

——そうした NII の仕事において，海外とのやりとりの機会はありますか？

13）本書第 I 部第 2 章コラム「図書館員の待遇」を参照してください。

高橋 それもあります。私は古文書から出発している人間なので，英語はあまり得意ではないですが，今の時代それをいってはやっていけない。これからは英語は必須です。特に NII は，全国の状況が見えるだけではなく，海外とのおつきあいもできる。英語ができたほうが幅は広がります。

——語学も含め，図書館で働くにあたって，学生時代に得ておいたほうがよい知識，技能，経験は？

高橋 英語はぜひ。英語だけじゃなくても，外国語がどれかひとつはちゃんとできることがとても大事だと思います。それから，NII に来て特に思いますが，コンピューターの知識，素養が大学図書館に勤める人には必須です。システム的な技術力が高いライブラリアンもいれば，語学が得意なライブラリアンもいる。いろいろパターンがあっていいと思うんですが，やはりその 2 つがとても強みになると思います。また，アカデミックなベースがほしいですね。修士に行けという話ではないですが，学問とは何かを感じ取るぐらいは大学でしておいてもらわないと。

——ワークライフバランスについてもお伺いしたいと思います。

高橋 残業は，大学図書館ではあまりなかったですね。18 時〜 18 時半には帰っていました。ただ，家に帰ってから図書館関係の論文を読んだり，プロジェクトを構想したり。そういうことは，基本的に自宅でやっていました。

——自宅では例えばどういったお仕事を？

国立情報学研究所および大学図書館　145

高橋 お仕事，という感じじゃないですね。家に帰ってからはノートにアイデアを書き出して考えたり，海外の文献を読んで，どういう状況になっているかを調べたり。次のための，ひとりでやるブレインストーミングですかね。

　一方で，NII は残業はあります（笑）。帰宅時間が年々遅くなって。19 時ぐらいで帰ってたのが，20 時，21 時になるみたいな。NII という組織だからというわけではありません。仕事の種類とか，ポジションが上がって仕事量が増えるとか，そういうことがあります。ただ，NII の場合はフレックスタイムなので，朝はわりとゆっくりですから，通勤時間を混雑時からずらしたりしてバランスを取っています。コアタイムが 10 時から 15 時になっているので，出勤退勤の時間は人それぞれですね。

―― 福利厚生は整っていますか？

高橋 国立大学は非常に整っていると思います。産休，育休は制度としてありますし，取りやすい。時短勤務もあります。私は育休を 1 年間フルで取って，子どもを保育園に入れたあとは時短 30 分を 1 年半ぐらい使いました。制度的に柔軟にできますし，図書館という職場はわりと勤務時間がはっきりしています。私が目録担当が長かったのは，時間内にこなして帰るのがわりと可能な部署だったからです。育児をしている数年間はそういう部署に配置をしてもらうという配慮もあると思います。そういう意味では女性にとって働きやすいと思います。

―― 将来はこういう図書館員になりたい，またはこういう仕事を

していきたいというイメージは？

高橋　私はやっぱり研究寄りな人間なんですね。大学図書館はミッションとして，研究支援と教育支援の2つがあります。全国の大学を見ると，研究大学はそんなに多くない。私大を含め多くは教育に力を入れています。図書館のあり方も学生へのサービス向上とか，どう教育とコミットメントを図るかという話題が多い。ただ私の関心では研究を支えたいというのが強くあって。今後もし大学図書館に行くとしても，研究支援に力を入れた大学図書館を希望すると思います。

　NIIはそれをシステム的な形でサポートするという切り口です。大学にもし帰ったら一橋大のときのように，研究プロジェクトとタイアップし，中身に踏み込んだ形のサポートをやっていけると面白いだろうなと思いますね。

——研究者への発信や，研究へのアプローチは，専門性もあってむずかしい部分ですよね。現状ではそこまでの図書館員養成はされていないように思いますが？

高橋　それが日本の図書館の最大の課題ですね。特定の専門性を持つ，いわゆるサブジェクトライブラリアン[14]が成立していない。目録を作成する，本を書架に並べる，貸出をする。それらの日常業務はサブジェクトとは関係がない，誰でもできる仕事です。私はサ

14）主題資料専門家ともいい，「特定主題や学問分野の専門的知識を持つ図書館員」で，「米国の大規模図書館では主題専門制が発達している」とされます（日本図書館情報学会用語辞典編集委員会編『図書館情報学用語辞典』第5版，丸善出版，2020年，p. 102.）。
　この改訂版で追加した，田中さんへのインタビューもぜひご覧ください。

国立情報学研究所および大学図書館 | 147

ブジェクトライブラリアンをめざしたほうがいいと思っている。でも，それに限界があるのは，やっぱり図書館員をめざす人，私もそうですが，文科系の学問出身の人が圧倒的に多いからですね。でも大学って半分以上は理科系で（笑）。理科系学問がどうなっているかを肌で感じた人が増えてくれば，もっと踏み込んでいけるかなと思いますね。

図書館がどうこうというんじゃないところまで，もう図書館の仕事そのものがすでに広がっている

—— 世間一般のライブラリアン，図書館員のイメージをはるかに超えたお話を伺ってきました。図書館員はすごく広い範囲を包摂したお仕事ですね。

高橋　大学図書館へはそういう志向を持って入ってほしいと，切に思います。公共図書館とは違い，基本的には研究や教育のための資料，材料をそろえる場所だと思うのですね。例えば，電子ジャーナルが普通に研究に使われ出しているにもかかわらず，価格が年々高騰していて，予算をどう割り当てるか悩ましいんです。大学図書館にとってはメインの話題であり，日々の課題です。図書館員をめざしている人には，そういう課題もあることを認識しておいてほしいと思います。

　さらに，大学のなかでは図書館員はもっと外へ出るよういわれています。デジタル化もあり，大学のなかでの役割として情報発信を重視されています。図書館がどうこうというんじゃないところまで，もう図書館の仕事そのものがすでに広がっていると思うんですね。

148 　第Ⅱ部　実践編

その部分を認識しておかないと，図書館に就職したらイメージと違ってがっかり，ということもありえます。

　図書館は面白い職場だと思いますし，NII みたいな情報の世界もすごく面白い。優秀な人がたくさん集まってくるような業界でありたいと思うんです。ここはまだ成長するし，「図書館」という言葉や枠にこだわりすぎなければ，さらに大きく成長する業界だと思っています。

[寄稿] 教壇に立つ図書館員：情報リテラシー教育業務を担当する大学図書館員の一日

吉植庄栄さん

東北大学附属図書館情報サービス課参考調査係長
採用年度：1998年度
出身学部学科：教育学部教育学科
出身研究科：教育学研究科（博士課程前期修了）

はじめに

　図書館員をめざす人には「本が好き」,「図書館の静かな環境が好き」という人が多いのではないでしょうか。しかし，約10年前から情報リテラシー教育という仕事が大学図書館の業務に加わりました。この仕事は，簡単にいうと図書館の使い方，本や雑誌の探し方,オンラインデータベースの使い方などを教える仕事です。図書館員

```
1日のタイムテーブル
～ 8:30          出勤
8:30 ～ 10:00   レファレンスカウンター:WEBレファレンス回答（154頁（1））
10:00 ～ 11:00  グローバルセッション打ち合わせ（155頁（2））
11:00 ～ 12:00  課内打ち合わせ
12:00 ～ 13:00  講習会「情報探索のススメ」（155頁（3））
13:00 ～ 14:00  昼休み
14:00 ～ 15:00  レファレンスカウンター（156頁（4））
15:00 ～ 16:00  授業準備
16:00 ～ 18:00  授業「大学生のレポート作成入門」（156頁（5））
18:00 ～ 20:00  授業の事後処理
20:00頃　退勤
```

とは静かな人々，という従来のイメージを持っている方は驚くかも
しれません。最近ではさらに進歩して，大学図書館にラーニングコ
モンズ[1] がつくられたり，新しい学びの形であるアクティブラー
ニング[2] の方式で図書館で授業が行われたりするようになりまし
た。われわれの仕事にはそれらのサポートも含まれてきています。
このような新しい仕事を知ってもらいたいと思います。

---

1) 複数の学生が集まって，電子情報も含めたさまざまな情報資源から得ら
れる情報を用いて議論を進めていく学習スタイルを可能にするスペースで
す。情報資源やコンピューター設備だけでなく，それらを使った学生の自
学自習を支援する人的サービスも提供します。平成 26 年度「学術情報基
盤実態調査」によれば，2014 年 5 月の時点で，全体の 4 割を超える，338
の国公私立大学に設置されています（同調査ではアクティブ・ラーニン
グ・スペースという用語を使用しています）。
　　以上は本書初版の記述です。その後，状況が進展し，令和 2 年度の同調
査では設置大学が全体の約 7 割にのぼっていました。
　　令和 3 年度から同調査では，アクティブ・ラーニング・スペースについ
ては，大学ごとから館・室ごとに集計が変わりました。本館に比べて小規
模な分館や学内図書室もひとつの館・室として集計することになったわけ
ですが，それでも，令和 4 年度の調査では設置率が 5 割を超えています。
ラーニングコモンズの普及が見て取れます。
　　文部科学省．"学術情報基盤実態調査（旧大学図書館実態調査）"．https://
www.mext.go.jp/b_menu/toukei/chousa01/jouhoukiban/1266792.htm,（参照 2024-
01-28）．
2)「教員による一方向的な講義形式の教育とは異なり，学修者の能動的な
学修への参加を取り入れた教授・学習法の総称」です。発見学習，問題解
決学習，体験学習，調査学習，さらに，教室や大学図書館でのグループディ
スカッション，ディベート，グループワークなども有効なアクティブラー
ニングの方法であるとされます。
　　科学技術・学術審議会学術分科会学術情報委員会『学修環境充実のため
の学術情報基盤の整備について（審議まとめ）』2013 年．https://www.mext.
go.jp/b_menu/shingi/gijyutu/gijyutu4/031/houkoku/1338888.htm,（参照 2024-01-
28）．

私の仕事

　まず，私の一日をタイムテーブルに整理してみます（前々頁参照）。

　私は，東北大学附属図書館情報サービス課参考調査係という部署に勤めています。名前のとおり参考調査（レファレンスサービス）を行う係です。その昔，インターネットがない時代には，事典や書誌，目録といった分厚い冊子（これらを参考図書やレファレンスブックといいます）を調べていました。この係の仕事を習得するには，これらの参考図書の性質や中身を理解し，活用方法を体感的に会得することが重要でした。

　現在は，多くの情報をインターネットで調べることが可能となり，係の仕事は大きく変わりました。従来の冊子体参考図書のことを知っていることはもちろん，インターネットでの本や情報の探し方について精通する必要があります。また同時に，「自分で調べる力」を利用者に身につけてもらうことが課題となりました。

　たしかにインターネットは調査の時間を大幅に短縮しました。インドの図書館学者ランガナタン[3]は，『図書館学の五法則』[4]で図

3）S.R.ランガナタン（Shiyali Ramamrita Ranganathan, 1892-1972）は，インド・マドラス州（現タミルナドゥ州）出身の数学者・図書館学者です。『図書館学の五法則』（下記注4参照）や分類法のひとつ『コロン分類法』で有名です。

4）S.R.ランガナタン著；森耕一監訳『図書館学の五法則』日本図書館協会，1981年，425p.
　　この図書は絶版ですが，多くの図書館で読むことができます。現在も市販されており，抄訳や解説が分かりやすい図書に，次のものがあります。

書館業務の基本的原理・目標を5つの法則に整理し，その第4法則で「利用者の時間を節約せよ」といいましたが，まさにそれが実現されたのです。しかし，インターネットがさまざまな情報を提供していても，探す本人が必要としている情報を入手できなければ，「節約」されたことにはなりません。そのため検索方法を教える事で「時間を節約」してもらい，節約できた時間を肝心な研究や学習に使ってもらう，ということがわれわれの仕事にとって重要となったのです。

まとめると参考調査係の仕事は，

①従来の参考調査

②利用者が必要な情報を自分で探すことができるようになるための指導

に大別されます。最近ではラーニングコモンズの進展から，

③ラーニングコモンズの活性化

という仕事も出てきています。次にタイムテーブル（151頁）で列挙している（1）から（5）の仕事内容を時系列順に紹介します。

(1) レファレンスカウンター：WEBレファレンス回答

①の仕事にあたります。当館ではWebを介してレファレンスを受けています。ほかの図書館にある資料の文献複写依頼が中心です。依頼された資料がどこにあるか調査をします。また東北大学附属図書館の所蔵資料の調査や東北大学出身者の博士論文の複写といった依頼がメールを介して来ます。これらもさまざまなツールを使って

竹内悊解説『図書館の歩む道：ランガナタン博士の五法則に学ぶ』日本図書館協会，2010年，295p.

調べ，関係する組織に問い合わせて，回答します。

(2) グローバルセッション打ち合わせ

このグローバルセッションの仕事は，③にあたります。ラーニングコモンズが東北大学附属図書館にも構築されました。この場所を活用して，図書館の利用をさらに活性化させます。このグローバルセッションとは，当係がいっしょに仕事をしている留学生コンシェルジュ[5]の皆さんとつくり上げるイベントです。おもに留学生の専門や母国の話題に関わるさまざまな内容のレクチャーをしてもらいます。話題と関連した当館蔵書も展示し，参加者に発見を促すという工夫もします。

(3) 講習会「情報探索のススメ」

昼休みには学生向け講習会「情報探索のススメ」をラーニングコモンズで開講します。②の仕事にあたります。図書や雑誌，新聞記事の探し方を中心に，レポートの作成法の講習会も行います。

またこのほかに，研究室や授業単位でオーダーメイドの講習会の依頼を受けることもあります。例えば授業の1コマを使い，専門に

講習会で講師を務める寄稿者

---

5) 本書第Ⅰ部第1章「図書館員の仕事」を参照してください。

合わせた資料やデータベースを紹介するほか、専門資料の使い方を、館内をいっしょに回りながら教えることもあります。

(4) レファレンスカウンター

①の仕事にあたります。午後になると相談者が増えます。相談者の質問には、数分で回答できるものもあれば、1週間や1か月もかかるものもあります。館内のPCや無線LAN利用についての内容から、学術的で専門的な内容の質問もあります。がんばって調べて回答したときの達成感は格別です。

(5) 授業「大学生のレポート作成入門」

②の仕事にあたります。内容は1年生に、レポート作成の基本を全15回の授業で教えるものです。(3)で紹介した講習会の拡大版といえます。レポート作成法と文献探索は、とても関連しているのです。それは大学で課題になるレポートや論文を書くには、図書館の蔵書を中心とする学術資料を数多く読む必要があるからです。レポート・論文は感想文や高校までの小論文と異なり、これまでの学問の成果を典拠に何かを論じる必要があります。そのためこの授業では、レポートの書き方と並行して、文献探索の技術を体得してもらうようにしています。

この講義は数名の大学教員に参画してもらうほか、

図書館での授業の様子

図書館が実習を指導する回が約半分程度あります。図書館員が担当する実習は，毎回附属図書館本館や分館などのスタッフが輪番で分担しています（2015年度現在）。この講義の運営事務局を当係が担当しているので，毎週の講義の準備（資料の印刷，機器の設営，講師担当者との相談など）に大きな労力を割いています。15コマ終了後は，受講生から提出された最終レポートの評価集計の仕事があります。大変な作業ですが，図書館の蔵書や雑誌の論文をしっかり読み込んで正しい形で引用している提出レポートを見つけると，うれしくなるものです。

おわりに

以上，一日の仕事を見てどのように感じたでしょうか。従来の図書館員像と大きく違うと感じたと思います。

先に述べたランガナタンが，『図書館学の五法則』の第5法則で「図書館は成長する有機体である」といっています。従来の図書館員の仕事と私の仕事が大きく違うことは，まさに図書館が成長した結果であると考えています。

ちなみにランガナタンはどんなに図書館が変化しても変わらないものがあるともいっています。それは「人々の教育のために存在すること」[6] です。私の仕事は，この変わらないもののあらわれかもしれません。多くの教育に関心を持つ方々に図書館員になってもらいたいです。

6）竹内悊解説『図書館の歩む道：ランガナタン博士の五法則に学ぶ』日本図書館協会，2010年，p.262-263.

寄稿 | 157

学校図書館（1）
司書教諭

杉浦良二さん

愛知県立鳴海高等学校教諭
採用年度：1984年度
出身学部学科：文学部第三類（中国語中国文学専修課程）

関心がなかった学校図書館へ。その後は自己啓発等休業や大学院修学休業の制度を活用して研鑽

—— 高校の先生になられて，司書教諭の資格を取得された経緯は？

杉浦 今は県立高校の国語科の教員で，司書教諭資格を持っておりますが，大学で教員の免許を取っていた

1日のタイムテーブル（過去に司書教諭の発令を受けていた際）
8:00　出勤（勤務時間は8:25〜16:55）
8:30　職員朝礼
8:50〜12:40　授業
・1日3または4時間程度（週17時間）
・定例の会議（学年会・教科会・図書部会）各週1回
・授業準備（教材研究・教材作成など）
・学校司書との打ち合わせ（選書など）
12:40〜　昼休み
・生徒図書委員カウンター当番の指導
13:20〜15:10　授業
15:20〜15:30　清掃（生徒清掃当番の監督）
15:40〜　授業後の業務
・生徒図書委員の指導（カウンター当番・行事の準備・「図書館だより」作成など）
・残務処理（提出物点検・教材作成など）
18:00〜19:00頃　帰宅

ときは，学校図書館のことには関心がなくて，司書教諭という資格があることも知りませんでした。大学の専攻が中国文学でしたので，国語の教員免許を取って地元の愛知に戻り，高校の教員になろうと考えました。

　実際に高校に就職するまでは，図書館を利用する習慣はないに等しい感じでしたね。高校の教員になって初めて赴任した高校で，最初に校務分掌で図書部に配属されました。その学校は創立9年目でしたが，司書教諭資格を持つ主任の先生がつくった，かなり充実した図書館でした。そこで「学校図書館とは，こういう世界なのか」ということを知って，それで興味を持っていったことが，学校図書館との出会いでした。

　ただ，司書教諭資格を取得するまでにはずいぶん間がありました。その学校は進学指導に力を入れていて，夏休みには補習があり，司書教諭講習を受けに行くことができませんでした。次の赴任校時代に，愛知教育大学で司書教諭講習を夏休みに受けて，資格を取りました。もう少し勉強しなければいけないなと思いながら，日本図書館協会[1]とか，全国学校図書館協議会[2]，学校図書館問題研究会[3]，そういう研究会に顔を出すようになり，いろいろな方の実践を聞く機会をつくっていきました。

　きちんと勉強したいという思いから，思い切って自己啓発等休

---

1) 本書第Ⅰ部第1章注5を参照してください。
2) 全国学校図書館協議会（Japan School Library Association：全国SLA）は，学校図書館の充実発展と青少年の読書振興に取り組む全国組織です。1950年に全国の有志教員によって結成され，2012年には公益社団法人へ移行しました。
3) 全国の学校図書館関係者などのための研究団体です。

第Ⅱ部　実践編

業[4] という制度を使って，2年間愛知淑徳大学で図書館情報学を学びました。それから，学校図書館を考えるうえでは，もちろん図書館情報学は学ばなければいけないと思いますが，教育学も学ばなければいけないと思って，大学院修学休業[5] という制度で，2年間愛知教育大学の大学院で勉強して，今に至っています。

教員になって32年，振り返ると，司書教諭として十分なことはできませんでした。公立高校の場合は，兼任の充て職ですから，時間的な保証がありません[6]。それから学校の事情によって，司書教諭の資格を持っていても発令されたり，されなかったりということがあります。私の場合も，今年度は進路指導部の就職担当ということで，司書教諭の発令は受けていません。図書部でもありません。

司書教諭制度の現状や課題

——現場の現状や課題は？

杉浦 はい。司書教諭といっても，校種によって，学校によって，さまざまです。専任の司書教諭を雇用している先進的な私学もありますが，公立の学校ですと司書教諭としての採用がありません。一般の教員としての採用試験に合格したうえで，配置された学校の事情で司書教諭の発令を受けたり，受けなかったりです。考えてみれ

4）地方公務員法26条の5に規定される無給の休業制度です。
5）教育公務員特例法26条に規定される無給の休業制度です。専修免許状の取得を目的としていることなどの条件があります。
6）本書第Ⅰ部第1章「図書館員の仕事」でも述べたとおり，司書教諭は学校図書館専任ではなく，学級担任や教科担任，部活動の指導などとの兼任であるケースが大半です。

学校図書館（1）司書教諭　　161

ば，公共図書館の図書館員で，司書職制度がない自治体の場合も同様で，司書資格を持っている職員が，図書館で働きたくても働けない，あるいは働きたくないのに図書館に異動になるいうことがあると聞いています。司書教諭の場合も，資格を持っていてなりたいのになれない方がいる一方で，それほどなりたいわけではないけれども，資格を持っているということでさせられているという方もいると推測します。

　全国学校図書館協議会や，各都道府県の学校図書館協議会，研究会が開催している研究大会などですと，参加しているのは熱心な方です。そうではない方がいったい何を考えているのかということが，実はよく分かりません。業界誌にも，ときどき学校図書館関係の方が寄稿されていますけれども，やはり公立の学校全体でいったいどんな方が，どんな気持ちで働いているのかということは，実はよく分かりません。そういうことを本当は調査して研究しなければいけないと思ってはいますが手がつかない状態で，「誰かやってくれないかな」と思っていたりします。

――本日お伺いするにあたって，杉浦先生の論文を拝読してまいりました。今後は，栄養教諭や養護教諭に準じた体制，しくみが必要と提言されています[7]。

杉浦　ひとつの職として，免許制度として，司書教諭をつくって，養護教諭や栄養教諭に準じた制度にしていかないといけないのではないかと，私は考えています。

---

7) 杉浦良二「司書教諭免許制度に関する考察」『学校図書館学研究』2012年，no. 14，p. 23-39.

162 | 第Ⅱ部　実践編

けれども一方で，栄養教諭や養護教諭は，それを必要とした社会的な背景があって，あるいは当事者たちのいろいろな運動があって制度化されたということがあるので，一概に司書教諭がそれをまねできるかというと，かなりむずかしいだろうと思います。あまり明るい話ではありませんが，現状はかなり厳しいであろうと思っています。

―― 全国学校図書館協議会のですとか，もろもろの調査では，司書教諭の仕事にあてる時間は実際のところあまりないという回答が多いです[8]。現場の実感としては？

杉浦 そうですね。教員の仕事は，やはり中心は授業ということになります。小学校の場合は学級担任として，基本的にはほとんどの時間をひとりで教えます。専科の先生がいらして，特定の教科はその方にお任せして，その時間が空くということはあるようですが。中学校，高校の場合は各教科担任としての授業持ち時間数が自治体ごとで大体基準があって，司書教諭にその時間数の軽減措置がある自治体もあるようですが，せいぜい1時間とか2時間とか，それぐらいでしょう。

また，教員の場合，特に中学，高校だと部活動の顧問を，何をどのように担当するのかということによっても，かなり違います。例

---

8) 例えば次の調査報告があります：全国SLA研究調査部「2015年度学校図書館調査報告」『学校図書館』2015年，no. 781，p. 39-65.

えば，司書教諭は，図書委員会の指導を担当することで，部活動の顧問が免除されるということが校内で理解が得られれば，かなりのことができるかもしれません。それは管理職や一般の教員が，どれぐらい図書館を大事に思うかによって違うと思います。

学校には生徒指導，進路指導，教務など，いろいろな校務分掌の係があります。そのなかに図書館の係もあります。その場合，校務分掌として勤務時間の一部を図書館にあてるということは当然のことですが，でもそれが学校図書館を運営するに十分な時間というわけではありません。学校司書の方がどれぐらい学校図書館にかかわるかによって全然違ってきます。司書教諭がすべてやらなければいけないとなれば，過労死ライン[9]を越えるぐらいの時間外勤務をしないと，回っていかないということがあると思います。

本校は幸い，学校の裁量で，実習助手という形でひとり分を学校図書館につけ，学校司書としてフルタイムで勤務できています。司書教諭は生徒の図書委員の指導や，行事の準備などの業務に集中できます。そうでなかったら，選書から発注から受け入れから，全部ひとりでやることになります。そういう学校も実際にあり，そういうところでは，とてもではないけれども時間がない，ということに

9）1か月あたりおおむね45時間を超える時間外労働が長くなるほど，業務と脳・心臓疾患の発症との関連性が徐々に強まると評価されています。また，発症前1か月間におおむね100時間，または発症前2か月〜6か月間にわたって1か月あたりおおむね80時間を超える時間外労働が認められる場合は，業務と発症との関連性が強いと評価されるなどしています。詳しくは次の文書を参照してください：厚生労働省労働基準局長「脳血管疾患及び虚血性心疾患等（負傷に起因するものを除く。）の認定基準について」令和2年改正.
https://www.mhlw.go.jp/new-info/kobetu/roudou/gyousei/rousai/dl/040325-11a.pdf,
（参照 2024-01-28).

なるだろうと思います。

——司書教諭の仕事をする時間帯に関しては？

杉浦　学校図書館で，司書教諭が自由に使える時間，生徒とかかわれる時間帯というと，昼休みや，授業をしていない時間帯，それから授業後の時間帯ということになります。昼休みや授業後にカウンターに立つとか。ただ，部活動の指導や自分の授業の準備をしなければなりません。教材研究をする時間，あるいは成績処理をする時間も必要です。それから学級担任をしていれば，学級担任としての生徒指導の時間も必要です。そういうこととの兼ね合いになるでしょうね。

——現状，司書教諭講習科目の枠組みでは図書館情報学について学ぶ分量が少ない。一方，司書資格については，学校教育に関する分野が弱い。杉浦先生は論文のなかでそのような指摘をされています[10]。その点をご説明いただけますか？

杉浦　図書館法の図書館というのは，公共図書館のことで[11]，学校図書館は該当しません。そのために，司書資格の科目のなかには，学校教育に関する科目はありません。「児童サービス論」には，学校図書館支援の内容が含まれていますが。

　一方，学校図書館法で規定されている司書教諭に関しては，おそ

---

10)　杉浦良二「学校図書館の民間委託に関する一考察：三重県内公立小中学校における株式会社リブネットの事例から」『学校図書館学研究』2015年，no. 17，p. 23-31.

11)　本書第Ⅰ部第1章「図書館の種類」を参照してください。

学校図書館（1）司書教諭　165

らく予算の都合や，教員が講習を受けるときの時間的な制約などの事情から，5科目10単位の講習になっているので，図書館情報学の内容を十分に学ぶことはなかなかできないだろうと思います。

そのことに関連して，私は自己啓発等休業で愛知淑徳大学で勉強したときに，高等学校情報の免許を取りました。国語の教員免許をもともと持っていて，さらに情報の教員免許を取る場合には，24単位が必要でした。けれども，それで大丈夫ですか，授業できますかというと，自信は全然ありません。新たに教科の免許を取るための24単位でも実感として全然足りないのに，司書教諭が10単位で本当にいいのでしょうかと思います。

だから，本当は学校図書館で働きたいという人であれば，司書資格と教員免許と合わせて持って，司書教諭科目も学ぶというぐらいが望ましいのだろうと思います。

それから，司書資格を持って学校図書館で働く学校司書の方たちは，できれは学校教育に関する科目をどこかで補っていただくといいと思います。教員免許を取るまでいかなくてもいいと思いますが，少なくとも学校教育や教育行政などの基礎的な知識は，どこかで学んでいただきたいと思います。

落ち着ける居場所としての学校図書館

——先ほどおっしゃっていただいたように，現場の側から見るといろいろな構造というか，問題というか，事情があります。一方，生徒さんからの司書教諭の認知度は？

杉浦 そうですね，司書教諭はこの先生ですと始業式のときに校長

が紹介する学校が，ひょっとしたらあるかもしれません。けれども，普通はあまりないので，生徒は司書教諭という言葉自体，知らないでしょう。

　あとは，昼休みや授業後，カウンターに立つ機会を積極的につくれば，この人は図書の先生だということは，来る生徒には分かりますが，図書館に来ない生徒に，この先生が図書の係の先生だということはなかなか分かってもらえないかもしれません。

——高校の生徒さんの実際の図書館利用法は，受験勉強であったり，
　読書であったり，現状はどうですか？

杉浦　そうですね，勉強しに来る生徒もいます。それから，図書館が好きだから来るという生徒もいますし，教室に居づらいから来るという生徒もいますね。図書館に来て，気の合う友人とおしゃべりをして帰って行くみたいな生徒です。図書委員に立候補してなる生徒や，図書委員の友人といっしょに遊びに来る感じの生徒もいます。自分が読みたい本をリクエストして買ってもらって，それを借りて読むという生徒もいます。

　（図書館内の切り絵を指して）あの切り絵をつくった生徒は，よく来ていました。

——生徒さんがつくったんですか。すごいですね。

杉浦　そういうのが好きな生徒で，学校司書の方と仲良しになっていました。

——そういう場としても。

学校図書館（1）司書教諭　　167

杉浦 そうですね。居心地のよい場所。図書館がクラスとは違う，落ち着ける場所としての機能を持っていて，そこに集まる生徒がいることを指摘する方もいますね。

それから，ここは一応大人がいて，安心できるスペースといえます。クラスのなかで，いじめ，あるいはいじめとまでいかなくても，こういう雰囲気は嫌だという生徒が落ち着ける場所だと思います。

学校司書は，それほど高度な専門知識とまではいかなくても，スクールカウンセラー的な役割も求められていると思います。相談相手という役割も必要です。学校司書の方たち自身がよく言っていることですが，学校司書の方は生徒を評価しません。養護教諭と似ていますね。いろいろな悩みを聞いても，それで駄目だとは言わない人ですね。成績で評価したり，生徒指導でこれは駄目，あれは駄目とか，そういうことを言わない人，そういうふうに見えるところが学校司書にはあります。司書教諭は教員ですから，そこはちょっと違うと思います。

学校図書館を活用した教育の実情

——学校図書館を活用した教育の実情は？進学校の場合，やはり受験指導優先ということも？

杉浦 受験指導に関していえば，最近は小論文を課す大学が，以前に比べればずいぶん増えています。小論文を書くためには，いろいろな知識が必要です。そのためには，学校図書館に新書やブックレットをたくさんそろえておいて，それを読むことが対策になると思っています。

168 第Ⅱ部 実践編

あるいは今,「総合的な学習の時間」があります。その時間をどう使うかというのも,学校ごとにさまざまです。系列の大学に進学する生徒が多い私学などでは,卒業論文を書かせて,

学校図書館を活用しているところがあります。

学校図書館でそういう創造的な,探究的な学びをするということは,条件が許せばやったほうがいいだろうと思いますが,ある程度基礎的な知識や技能がないと,本を読んで,調べて,考えて,まとめてということはできませんから,ある程度の学力レベルでないとなかなかむずかしいかもしれません。

一方,なかなか生徒に興味を持ってもらえないようなものを,意識づけるために,あえて調べさせて,そこから自分の興味を広げていくという実践もあります。そういう取り組みはむしろ,受験勉強とは関係ない高校のほうがやりやすいということもあります。やりようによってはですね。

それから進学校でいうと,受験と直接かかわりのない科目というと語弊がありますけれども,保健とか家庭科は,やり方次第では探究的な学習,図書館の資料を使った学習に取り組みやすいということがあると思います。それも,担当者と学校図書館スタッフとの連携があり,資料が十分にあることが前提ですが。

――司書教諭としてのやりがいやうれしいこと,あるいはつらい

ことは？

杉浦 やりがいということに関しては，漠然としたお答えしかできませんが，うれしいことですと，例えば生徒がリクエストした本が入って「入りましたよ」といって渡して，とても喜んでもらえるときですね。それから特にリクエストなしにこちらが選書した本が新着図書の書架から借りられていくのはうれしいことです。そんなによくあることではありませんが。

　つらいことは，なかなか時間に余裕がなくて，司書教諭としてする仕事が十分にできないことですね。

生涯学習への道

―― 司書教諭や学校図書館に関心のある人にお薦めの本は？

杉浦 学校図書館をめざす方には，学校教育に今どんな問題があるかということを分かっていただきたいので，教育社会学の研究者の本を読むといいと思います。今お薦めの本は，名古屋大学の内田良准教授が，光文社新書から出された『教育という病』[12] です。

　学校図書館に関する理論なら，塩見昇先生や，渡邊重夫先生の本を読んでいただきたいし，実践なら，図書館を使った探究的な学習の指導で有名な片岡則夫先生 [13] がどんな授業をされたかとか，そ

---

12) 内田良『教育という病：子どもと先生を苦しめる「教育リスク」』光文社，2015年，258p.
13) いずれも図書館界で高名な先生で，国立国会図書館サーチや CiNii などのデータベース，あるいは AMAZON などで検索すると多数の著書がヒットします。

170　第Ⅱ部　実践編

ういうものをお薦めします。それから，学校司書がこんなことを実はやってますよという本が，去年（2014年）2冊出ました。学校図書館問題研究会が出した本と，それから堀川照代先生がつくった本です[14]。

　そういうものを読むと，やはり学校図書館での学びというのは，生涯学習へのつながりだろうと私は今思っています。学校を卒業した後に，公共図書館を使って自分が知りたいことを調べて，情報を入手して問題を解決していく。その練習を学校図書館でし，また大学図書館でさらにそれを洗練させていく。こういうことが必要なのだろうと思います。小中高，発達段階に合わせて，繰り返しやさしいところから深めていくということが求められていると思います。

――先ほどのお話に出たように，司書教諭の先生といっても，学校司書の配置状況ですとか，管理職の理解ですとか，環境はさまざま。なかには恵まれたケースはあって，そして理論的な研究も存在はするので，志望する人，関心のある人にはそういった図書を読んでほしいという，そういう話でもありますね。

杉浦　そうですね。それから可能であれば，学生さんたちには学会に，会員にならなくてもいいですから，一般参加者として参加して，学会がどんなふうな世界かということを見てほしいと思います。本当は大学の先生に学生さんたちを学会に連れて行っていただきたい

14）学校図書館問題研究会編『学校司書って、こんな仕事：学びと出会いをひろげる学校図書館』かもがわ出版，2014年，135p.
　　門脇久美子［ほか］『学校図書館は何ができるのか？その可能性に迫る：小・中・高等学校の学校司書3人の仕事から学ぶ』国土社，2014年，223p.

学校図書館（1）司書教諭　│171│

と思ったりもします。

―― それは大学院生ではなく，学部を出てすぐ先生になるような。

杉浦　本気で図書館員をめざしている人なら，図書館情報学の学会[15]，あるいは学校図書館をめざすのであれば，学校教育や学校図書館に関しての研究会，学会[16]，そういうものに顔を出すということもできるといいということです。

　そこで人脈をつくって，場合によってはお願いをして，学校図書館を見学に行くとよいと思います。公共図書館や大学図書館と違って，学校というところはなかなか部外者が入るのは大変なので，ぜひ実践している先生，あるいは司書の方と知り合いになっておく必要があります。それは学部生だとなかなかむずかしいので，大学の先生が授業の一環として見学に連れて行っていただけるといいと思います。大学院生だったら，自分でアポを取っていくことができるといいと思いますね。

---

15)　全国規模のものに，日本図書館情報学会や日本図書館研究会などがあります。
16)　注1) 2) 3) のほかに日本学校図書館学会があります。

172　第Ⅱ部　実践編

学校図書館（2）
学校司書

頭師康一郎さん
豊中市立桜井谷東小学校学校司書
採用年度：2009年度
出身学部学科：教育学部国際文化課程

図書館ってお金を介さないサービス業じゃないかな

――どうして図書館員になったか，からお伺いしたいと思います。

頭師 高校時代は本が好きでした。大学では教育学部へ進みましたが，教員免許を取らなくていい「ゼロ免課程」に行きました。そこで文学中心にいろいろな科目を勉強したのですが，司書課程もなかったですし，図書館員になる気持ちも，学校現場で働く気持ちもまったくなかったです。

卒業してからは，最初ネットショップの企業に就職しました。途中から副店長になって，お店の立ち上げからいろ

1日のタイムテーブル	
05:15	起床
05:50	通勤
07:45	出勤
午前	開館作業
	図書の時間
	調べ学習利用指導など
12:15	昼休み(職員室で給食)
午後	子どもたちと掃除
	図書の時間
	新刊受入
	読み聞かせや調べ学習の準備など
	放課後開館
16:30	退勤(残業はしない主義)
18:30	帰宅

学校図書館（2）学校司書　173

いろな仕事をしました。その仕事は結局半年で辞めましたが，次も何か接客業をしたいと思って。ただお金もうけばかり考えなくてよいサービス業はないかな，と考えたとき，高校のとき図書館情報大[1]も志望していたのを思い出して，「図書館ってお金を介さないサービス業じゃないかな」と。

じゃ司書資格を取ろうとなって，桃山学院大学の司書講習を2か月半ほど受講しました。そこで図書館のことを初めて勉強したんです。概論をまずやって，徐々にサービス論に入っていく。だんだん図書館のことが分かっていくように授業が組み立てられていて，そこで勉強したおかげでますます図書館で働きたいと思うようになりました。司書講習じゃなくて通信教育だったら，もしかしたら図書館で働いていなかったかもしれないですね。そのとき，同じ司書講習を受けていた方が，なぜか派遣会社の日本アスペクトコア[2]につてがあって（笑）。その方に紹介されて，アスペクトコアに派遣社員として入社したんです。最初は大阪学院大学の図書館で半年間ほど勤めました。ILLとレファレンスとカウンター業務全般。

—— 司書講習で今でも印象に残っているのは？

頭師 サービス論です。選書のことを勉強しているときに質問したんですね。「何を選ぶかで意見が分かれたらどうするんですか」と。そうしたら「じゃ，翌週に選書会議をやりましょう」となって。グ

1）茨城県つくば市に本部を置いていた国立大学で，2002年に筑波大学と統合しました。
2）東京都千代田区に本社を置く株式会社で，図書館への人材派遣などを事業内容としています。

174 第Ⅱ部　実践編

ループに分かれて，1冊の本を図書館に入れるかどうかの選書会議を実際に行いました。そのときの本は鶴見済さんの『完全自殺マニュアル』[3]。グループごとに話し合って図書館に入れるかどうかを決め，会議の結果を各グループの代表が発表しました。「必ずしも本が自殺を助長するとはいえない，図書館は多様な観点の本を集めるべきだから購入すべき」，「中高生がこの本を手に取った際に，いじめなどで自殺を考えている子に影響を及ぼすかもしれないので，図書館には入れない」などさまざまな意見が出ました。「そうか，こんなふうに1冊の本を選ぶのに，本当に慎重に議論して選ばなければならないんだ」と実感しました。

――学校図書館の普段の業務でも選書があると思いますが，最近ですと『絶歌』[4]などが議論になりました。

頭師 小学校はまだそこまで議論にはならないかもしれないですね。『絶歌』は小学校には入れられないと思うんです。でも，例えば森絵都さんの『カラフル』[5]。中学生が売春をしているというエピソードが出てきます。そんなエピソードが出てくる本を小学生が読んでもよいのか？ 小学校の図書館に置くべきではない，という意見が寄せられることもあります。そんな事態になったときに，学校司書ひとりでその本を残すか廃棄するかの判断をしたり，逆に管理職の一声で話し合うことなく決めてしまったりせず，学校全体で，あるいは保護者の方や子どもたちの意見も踏まえて最終的な選択をす

3）鶴見済『完全自殺マニュアル』太田出版，1994年，198p.
4）元少年A『絶歌』太田出版，2015年，294p.
5）森絵都『カラフル』理論社，1998年，275p.

る，というのが大事だと思います。

大学図書館から学校図書館へ

——最初に大学図書館に赴任し，事前に伺っていたプロフィール
　によると，その後学校図書館に転職されました。何かお考えがあ
　ったんですか？

頭師　ひとつの理由として，大学図書館にいたとき，学生さんたち
が大学図書館の使い方を全然知らなかったんですね。例えば図書館
の書架の側面に NDC と分類名がありますが，それがあることすら
知らない。OPAC も使えない。そういう学生さんが結構いるんです。
その事態の根源はどこにあるか。大学以前に図書館の使い方を教わ
らないのではないか。それも気になって，学校図書館で働いてみよ
うと思って，転職しましたね。

——学校図書館に移られてからは通算で 10 年以上。どういったお
　仕事がありますか？

頭師　ネットショップのときと同じですが，ほぼひとりですべての
図書館の仕事をやるという状況です。図書館を開けて貸出，返却を
しますし，予約もしますし，レファレンスも受けます。児童からも，
先生からも受けます。例えば「今度研究授業をするんだけど，参考
になる資料はないですか？」といったことを聞かれます。もちろん
選書もします。この図書館にはおよそ 1 万冊強の蔵書があります。
図書費が年間 80 万円ほどですが，選定候補となる本はほぼひとり
でリストアップしています。

176　第Ⅱ部　実践編

―― お勤めの学校では図書館を使って，2年生で調べ学習，総合学習を行い，3年生になると研究レポートを書く，小学校6年生で卒業研究[6] ですね。相当，学校図書館に力を入れていますね。

頭師　そうですね。うちの学校には「情報教育研究部会」という，図書館教育を含む情報教育に関する研究部会があって，学校全体でどう系統的に情報を活用する学習を教えていくかを研究しています。研究部会には司書教諭の先生と，各学年から担任の先生をひとりずつ，あと支援学級の先生や家庭科，社会などの専科の先生も入っています。学校司書は非常勤ですが，会議にも出て，先生方といっしょにどう授業づくりをしていくかを考えています。

ぬいぐるみやフィギュアを飾って，図書館の雰囲気を楽しく

―― 読み聞かせやアニマシオン[7]，ストーリーテーリングなどを，実際にやるときの工夫などについてもお伺いしたいと思います。

頭師　桜井谷東小学校では，週に1回か隔週で1回，図書の時間[8]

6）インタビュー後に頭師さんから次のとおり補足がありました：桜井谷東小学校では，約1年間児童ひとりひとりが自分でテーマを設定し，情報を集め整理・分析してレポートの作成と発表を行う「卒業研究」に6年生が取り組んでいます。2012年度は自由テーマで（2013年度は卒業研究はなし），2014年度と2015年度は仕事にテーマを限定して取り組みました。

7）スペインのマリア・モンセラット・サルト（María Montserrat Sarto）氏が開発した，子どもたちに読書の楽しさを伝え，読む力を引き出すための75の方法からなる読書指導法です。わざと間違えて読み，間違いを発見させるゲームなどがあります。読書へのアニマシオン，読書のアニマシオンともいいます。読み聞かせやブックトークについては本書第Ⅰ部第1章「図書館員の仕事」を参照してください。

学校図書館（2）学校司書　177

があるんですね。ぼくが読み聞かせをしたりブックトークをしたり，アニマシオンをしたり。あるいは担任の先生といっしょに調べ学習の授業をすることもあります。アニマシオンやブックトークは，授業内容に合わせてすることが多いですね。ぼくは指導書（教科書会社が自社の発行する教科書に合わせてつくる教師用指導書）を読んで，その単元がいったいどういうねらいなのかを踏まえて行っています。読み聞かせは，行事に合わせてすることが多いですね。

——図書館まつりなど，企画ものはされますか？

頭師 そうですね。4月に「子ども読書の日」[9]と「こどもの読書週間」[10]があって，11月には「読書週間」[11]があるので，それらの時期にイベントをすることが多いですね。イベントは学校司書ひとりではなくて，図書委員会の子に中心になってもらってやることが多いです。子どもの目線でイベントをするので，いいかなと思うんです。中学・高校もそういうところが多いんじゃないかと思い

8）学校司書がいる小学校では「図書の時間」という授業を実施している場合が多いです（学校司書がいない学校でも実施しているケースもあります）。その時間，児童は学校図書館に行き，本の貸出や返却，学校司書による読み聞かせやブックトーク，調べ学習などが行われます。

9）2001年に制定された子どもの読書活動の推進に関する法律（通称：子どもの読書活動推進法，子どもの読書推進法）が，4月23日を子ども読書の日と定めています（10条）。

10）4月23日〜5月12日の約3週間で，公益社団法人読書推進運動協議会が主催しています。

11）10月27日〜11月9日（文化の日を中心にした2週間）で，公益社団法人読書推進運動協議会が主催しています。なお，2005年に制定された文字・活字文化振興法が，10月27日を文字・活字文化の日と定めています（11条）。

178　第Ⅱ部　実践編

ます。高校は文化祭でやっ
たり。ブースをつくったり
とか。あとぼくは，3学期
が始まるときにお年玉くじ
をしたりしますね。借りた
本のバーコードが当たり番
号になるんですね（笑）。

景品は，本についていた付録とか，旅行に行ったときのおみやげとか。何人かの先生にお願いしたり。あとは遠いところに研修に行ったら，向こうの人がくださったものを景品にさせていただいたりもします。

——本を手に取ってもらう工夫，館内のレイアウトなどはいかがでしょうか？

頭師 一番こだわっているのはサインです。小学生ってすごく視野が狭いんですね。パッと見て目に入るもの以外にはなかなか気づきません。例えば，本棚の棚板にどんな本が置いてあるかを書いても，小さくてなかなか気づきません。大きな空き箱に「この棚にはこんな本があります」と書いて棚に入れても，本に埋もれてしまってやっぱり気づかない。「そういうサインがあるよ」と教えても忘れてしまう子もいます。ですので，（写真のように）パッと見れば分かる大きなサインにしています。もうひとつは，勤務校の学校図書館は狭くて本を展示できるスペースが少ないので，用務員さんにお願いして背の低い絵本棚の上に本を面置き（表紙が見えるように棚に並べること）できる家具をつくっていただきました。次に図書の時間が

学校図書館（2）学校司書 | 179

ある学年に合わせていろんな分類の本を展示し，授業が終わって本が借りられていったら，また次の図書の時間の学年に合わせて補充して……ということをしています。掃除で本の整理をする子どもたちに飾ってもらったりもしています。この家具はぼくがスケッチ図を書いて用務員さんに作成してもらったもので，ウチの学校にしかありません（笑）。

あとはぬいぐるみやフィギュアを飾って，図書館の雰囲気を楽しくしています。カウンターには尾田栄一郎さんの漫画『ONE PIECE』のフィギュアや，博物館にあるガチャガチャのとても精巧なフィギュアを置いたり。男子がカウンターに来て，コミュニケーションが取りやすくなるんですね。やっぱり男の子はあまり図書館に来ないですが，フィギュアなどでコミュニケーションを深め，距離を縮めるということも考えています。

——たしかに女の子の利用が多いようなイメージがありますが，そうなりがちなんですね。

頭師　はい。なので，男の子も喜ぶようなものも置いたりしてますね。望遠鏡も置いたり。そこは男性視点でしょうかね。

すぐ親しげに，ほんとに来た初日から親しげに話しかけてくるので，びっくりする

——仕事のなかでやりがいがあったこと，なしとげたことなどは？

頭師　きょうは1年生の図書の時間があったんですが，帰りに「きょうの授業はとても面白かったです」ってわざわざ言いに来てくれ

180 第Ⅱ部　実践編

る子がいました。また自分が選書した本を子どもたちが「面白かったよ」って言ってくれることもあります。それはうれしいですよね。授業で使うための本に関するレファレンスが先生からあって，まさにぴったりの本を見つけて渡したときに，先生にすごく感謝されることも。その点は学校図書館といっても普通の図書館とあまり変わらないかもしれないですね。あと，卒業生がいつまでもぼくのことを覚えていてくれるのもうれしいですね。いまだに街中で声をかけてくれたり。

　びっくりしたことは，学校によるのかもしれないですけれども，子どもが，言い方悪いですけど，なれなれしいというか，子どもとの距離感がすごく近いというか。すぐ親しげに，ほんとに来た初日から親しげに話しかけてくるので，びっくりする。

——初日なのに（笑）。

頭師　大学図書館なんか，逆じゃないですか。図書館の人にはちょっと遠慮，距離を置く学生も多いと思うんですけど。小学生はまったく逆で，そのところが最初，びっくりしましたね。

——同じ小学生といっても1年生と6年生で発達段階にかなり差がありますよね。それにオールラウンドに対応できるように，どういうことを心がけていますか？

頭師　学年による違いはやっぱり気を遣います。例えば棚の分類やサインでも，1年生はひらがながまだ読めない子もいるんです。なので絵で示したり。漢字もすべて振り仮名をふります。「図書だより」も，漢字にすべて振り仮名をふっていますね。多種多様だとい

学校図書館（2）学校司書　|　181

うことを考えてやらないと駄目です。

—— 勤務形態についてもお伺いします。現在は，専任職員ですが，
　雇用形態としては非常勤。週に30時間の勤務ですね。

頭師　そうです。普段は8時半から16時半まで，水曜だけが14時15分までです。基本的に，土日はお休みで，たまに参観日や運動会があって出勤になったときは，別の日が代休になるという感じですね。多く働いた期間があれば，夏休みをその分取って調整します。

—— 契約としては，期限は？

頭師　3年ごとに選考試験があります。

—— 豊中市では正規雇用はあまりいないのですか？

頭師　学校司書ではひとりもいないですね。59校あって，全校にひとりずつ配置されていますが，正規雇用はいません。

—— 同じ地方公共団体のなかで，学校司書同士が情報交換したり
　勉強会を開くという機会は？

頭師　ありますね。豊中市は月に1回学校司書連絡会があって，59人全員が集まります。市の読書振興課から連絡事項があったり，学校司書同士で実践交流をしたり。マニュアルづくりをしたりもします。

　その連絡会で1年に2回，外部から講師を呼んで研修をします。ただ，これは豊中市以外の自治体ではあまりありません。そもそも研修を行っていなかったり，外部の研修に行く機会や交通費などが

182　第Ⅱ部　実践編

保障されていなかったりする自治体も多いです。そういう意味では豊中市は恵まれていますね。ほかの自治体は厳しい状態です。

——学校司書の男女の比率は？

頭師　女性が多い職場ですね。図書館業界全体かもしれませんが，特に学校司書は女性がほとんどです。今まで小中学校の男性学校司書は，2人しか会ったことがありません。2人とも，もう辞めてしまいました。

——10年以上のキャリアで2人？

頭師　2人ですね。高校の男性司書さんはよく見かけますが，小中学校はほとんどが女性だと思います。だから「男性の学校司書であるメリットはありますか？」ともよく聞かれますね。メリットは……まあ重い本を持ち上げやすい。あと，落語の絵本なんかは男性のほうが読み聞かせがしやすいように思います。逆に男性が読みにくい絵本もありますね。お姫様が主人公の絵本とか読みづらいです。『シンデレラ』とか。

学校司書の厳しい現状

——将来は正規職員の試験を受けるということも？

頭師　正規職員になりたいと思いますが，一方で，全然違う職に就いてもいいと思ってます。それはもう，本にかかわらない仕事でもいいですし，逆に今の仕事を生かして，また違う図書館や本にかかわる仕事でも。（非正規雇用の）学校司書はどんなに仕事をがんばっ

学校図書館（2）学校司書　183

ても，勤務の評価なり仕事の成果で自動的に雇用条件が改善されるということは，まずないですね。これから働く人には心苦しい話ですが。

―― 自治体によってまちまちということは。

頭師 そうですが，学校図書館では豊中市のような自治体（非正規雇用でも昇給があるなど）は稀です。ほかの自治体はもっと条件の悪いところが多数で，非常に厳しい。

　学校司書は雇用に2タイプあって，ひとつは市町村による雇用（おもに小中学校）。もうひとつは都道府県による雇用（おもに高校）。都道府県のほうはまだ正規の雇用はありますが，市町村の場合は，ほとんど正規はない状態です。正規をめざすなら高校のほうに絞る形になります。ただ，高校は都道府県によっては事務職として採用され，図書館以外の事務的な仕事を担う場合もあります。また，都道府県立図書館への異動がありうるところもあります。そして高校図書館は先生方からあまり使ってもらえない，授業で活用されていないというお話も高校の学校司書さんからよく聞きます。

　もっとも，小学校や中学校でもそういった悩みはよく聞きます。「学校司書はいったい何をする人だろう」と思われていたり。自治体によっては何校も兼務しないといけないところもあります。学校図書館が「専門」だけれども「専任」じゃないというケース。ひどい場合は10校兼務というのも聞いたことがあります。そうすると

先生方には学校司書がいつ学校にいるか分からないから，仕事を頼みづらいと聞きます。週に1回，下手したら2週に1回ぐらいしか行かない学校もあって，先生方に名前も覚えてもらえない。逆に先生方の名前も覚えられない。職務室に机がない。そういう厳しい現実があります。

司書教諭の先生が専任でいて，学校司書がいて，というのが理想。学校司書には教育学の素養を

——昨年（2014年），学校図書館法が改正され，学校には学校司書を置くよう努めなければならなくなりました。学校司書の資格や養成のあり方を国が検討することにもなりました[12]。現場で働かれていて，実感として何か，学校司書さん同士で話題にのぼるだとか，ありますか？

頭師　話題にはのぼりますね。例えば今年度も，研修のテーマに学校司書法制化も候補に挙がっていました。ただ，現場では変化はない。まだ影響は出ていない状況ですね。

——現場からするとどういう制度，しくみが望まれているのでしょう？

頭師　できれば，資格として成り立つ。なおかつ，全校にひとりずつ。栄養教諭や養護教諭みたいに，1校にひとり必ず置く，というのがまあ理想ですね。もっといえば，大規模校には2人置く。教育

---

12) 詳しくは本書第Ⅰ部第1章「最近のトピック」を参照してください。

学校図書館（2）学校司書　185

職として置かれるのが理想ですね。

——現状の司書，司書教諭とも違う，別の資格としてですね？

頭師 そうですね。いろいろ意見があるところだと思うんですけど，ぼくはやっぱり，司書教諭の先生が専任でいて，学校司書がいて，というのが理想だと考えています。うちの学校のように図書館教育に力を入れていると，学校司書は授業に合った資料や情報を収集しないといけない。そのうえで授業づくりも指導も全部やるのはむずかしいので，なるべく授業づくりと図書館運営を分担できるようにするべきですね。司書教諭が教育の専門として，学校司書は図書館の専門として，役割を分け連携すべきだと思います。

——一方で，学校司書になりたい人に，司書資格を取るための科目「図書館概論」や，司書教諭講習科目のいくつかを履修してもらえばそれだけでいいのでは，という意見の人もいます。

頭師 ただ，教育学の科目をそれでは勉強できない。けど，学校で働いていると，絶対に子どもと接するし，ときには注意することもあります。学校のなかにある図書館なんだから，学校教育というのはどういったものかというのを知っておかないと。絶対に教育学の素養というのは必要だと思うんですね。これはもう，現場で働いていて必要だし，そういう場面に必ず出くわすので，切に思うんですね。

——司書教諭講習には「学校経営と学校図書館」という科目があります。でも実際はほとんどの教科書で，学校経営の部分はすっ

186 第Ⅱ部 実践編

ぽり抜けている。司書教諭はみんな教職課程を履修しているからそちらの科目に譲っているわけです。学校司書の養成では，（司書教諭と違い，教員免許を持っているとは限らないので）教育の視点が本来必要ですね。現状は，教育については働きながら実体験で身につけているという状況ですね。

頭師 はい。実地でやって，なかなかうまくいかないこともあります。例えば図書委員会の活動などは教育課程の「特別活動」にあたり，学習指導要領もあり，そこには子どもたちの「自主的，実践的な態度を育てる」とあります[13]。そういうことを分からずに特別活動の委員会を学校司書が担当してしまうとかなり問題がある。教育学の知識はほんとに必要だと思います。

学校図書館のことだけを知っているのでは駄目

—— プライベートでも，仕事に関連した勉強などをされますか？

頭師 自分で研修に行くことも多いです。月に1，2回は週末に行っていますね。学校司書は研修機会が少ないし，もうひとつは，学校図書館のことだけを知っているのでは駄目だと思うんですね。学校図書館で育った子どもたちは，大学に行って大学図書館も使いますし，社会人になって公共図書館も使います。子どもたちが成長していったときに，どんなふうに図書館を使うのか。あるいは図書館を，大人になっても利用できるようにするにはどうするか。それを

---

13) 文部科学省．"現行学習指導要領・生きる力 第6章 特別活動"．http://www.mext.go.jp/a_menu/shotou/new-cs/youryou/syo/toku.htm，（参照 2016-01-17）．以上は本書初版の記述ですが，現行の学習指導要領も考え方は同じです。

学校図書館（2）学校司書

考えるためには，今，図書館界全体がどういった状態なのか，将来どうなっていくかを見たうえで学校図書館教育をやらないといけない。学校図書館以外の館種も勉強しておかないといけないなと思いますね。

—— 日本図書館研究会 14) ですとか，関西主体の団体もいっぱいありますね。

頭師 はい。関西は研修機会が多いですね。毎週のように何かしらあります。学校図書館関係も，公共図書館，大学図書館も。兵庫，京都を中心に多いですね。逆に，地方はその機会に恵まれない。特に学校図書館は。東京，関西，中部以外で研修をする，受けるというのは非常にむずかしいかもしれないですね。自腹で全国大会に行くというのも厳しい雇用条件が多いし。

学生時代にはなんでも勉強を。特に図書館情報学，情報系，教育学

—— 学生時代にしておくべきことはありますか？

頭師 なんでも勉強しておく。真剣に勉強したほうがいい。ぼくは学生時代に，自分の勉強したい科目をひたすら取るということをした。そういったことが意外と役に立ったりするんですね。例えば教

---

14) 1946 年に創設された研究団体です。公共，大学，学校といった館種を超えた学術研究団体で，現職の図書館員や図書館情報学の研究者などが参加しています。全国規模の団体ですが，所在地は大阪市西区にあります。研究大会は例年関西で開催されます。

188 ｜ 第Ⅱ部　実践編

養科目で「日本古典文学入門」を勉強したんです。同時代で同じような話が，まったく違う地域で発生するという事例を教わった。例えばカラスを太陽の象徴とする昔話や神話が中国や日本，北アメリカにもあった。学生の当時は，ただ面白いと思って勉強したんですが，社会人になって役に立つかどうか分からなかった。けど，今はそれをブックトークで使える。学生時代に勉強したことは，意外とどこかで役に立つことがある。

　学校司書になるんだったら図書館情報学は絶対にしっかり勉強しないといけない。特に，情報系のことをしっかり勉強したほうがいい。これから先，図書館はもっと情報化されると思います。今はまだカードやハンコでやっているところもあるんですけど，これからますます情報化される。そのときに，学校司書が情報機器を使えない，情報学に関する知識がない，「パソコン苦手なんです」というのは，それは時代に取り残されている。

――学校図書館はたしかに，公共，大学に比べて情報化が遅れているとよくいわれます。予算の壁があるし，公共に比べれば小さい図書館が多いから，情報化しなくてもやっていけるという意見も聞きますが，やはりこれからは情報化が必須というお考えですね。

頭師　はい。学校教育が情報化していくなら図書館司書にも当然，情報機器を取り扱える力が必要になってくる。

――それと，先ほどもお伺いしました，教育学の素養ですね。

頭師　そうですね，はい。司書課程だけだと絶対勉強できないこと

学校図書館（2）学校司書　189

なんですね。例えば面接でも聞かれるんですね。「中学校の図書館で働いていて，いきなり生徒がタバコを吸いながら入ってきたらどう対応するか」とか。「図書館で放課後，生徒から小さな声で『担任の先生には相談できないけど，どうしても先生に相談したいことがある』って聞かれたときにどうするか」とか。そういった，教育に関する質問は面接で結構されます。

　試験のことをいうと，正規雇用の採用試験を受けると，その都道府県にゆかりのある文学に関する問題がよく出るんです。読書教育に関することも聞かれやすいですね。「高学年で，本を読まない子が多いなら，どういった取り組みをすればいいか」ということも。あと『かいけつゾロリ』の作者を面接で聞かれたことがありますね。答えられなかったですよ。その場で読み聞かせもありました。事前に掲示物をつくってきたり。結構実践的な試験があります。

—— 図書館員をめざす学生に，読んでおいてほしい本はありますか？

頭師　学校司書になるというのであれば，『学校図書館は何ができるのか？その可能性に迫る』という島根県の学校司書の門脇さんと堀川先生たちが書かれた本 [15] はすごく先進的な学校図書館の取り組みが紹介されているので，読んでおいたほうがいいかなとは思いますね。個人的にお勧めなのは『モリス・レスモアとふしぎな空とぶ本』[16]。これは，本を読むということを抽象的な物語にして

15）門脇久美子［ほか］『学校図書館は何ができるのか？その可能性に迫る：小・中・高等学校の学校司書3人の仕事から学ぶ』国土社，2014年，223p.

190 第Ⅱ部　実践編

いる。「読書ってこういうイメージなんだな」という，すごく面白い，いい絵本なのでお薦めですね。

——「将来，こういう図書館員になりたい」というお考えは？
頭師　もっと情報スキルを高めないといけないと思いますね。情報スキルを高めることで，図書館教育のなかでもっと情報の扱い方を子どもに教えられる。また，情報スキルを高めることで資料収集や蔵書管理など図書館運営もよりよくできるようになります。情報の形や情報の扱い方はものすごいスピードで変化していくので，それについていかないといけないなと思います。

——情報スキルというのは，具体的には？
頭師　プログラミングまではいかなくても，情報に関する知識とか，情報探索のスキルとか。そういった知識やスキルを高めることで，レファレンスに応えられたり，情報の探し方や取り扱い方を子どもたちに教えられたり，図書館に必要な情報を収集できたり。司書のさまざまな仕事につながっていくのだと思います。

——学校司書にはどんな人が向いていると思いますか？
頭師　ひとつは学び続ける人。子どもたちは時代によってどんどん変わっていきます。その変化に合わせて自分自身も学び変化しないといけない。学校図書館に限らず，図書館員全体にいえることだと

---

16) ウィリアム・ジョイス作・絵；おびかゆうこ訳『モリス・レスモアとふしぎな空とぶ本』徳間書店，2012 年，56p.

学校図書館（2）学校司書　191

思うんですけど。もうひとつは，人と接することを苦に感じない人が向いていると思います。絶対に子どもたちと接する仕事なので。公共図書館よりも接する仕事だと思うんです。まあ，苦手でも職に就けば成長することもありますけど（笑）。

国立国会図書館

大沼太兵衛さん

国立国会図書館利用者サービス部
音楽映像資料課資料係長
採用年度：2006年度
出身学部学科：文学部歴史文化学科（美術史学専修課程）
出身研究科：国立古文書学校（フランス）修士課程修了

——なぜ国立国会図書館（以下「NDL」）を志望されたのですか？

大沼 私は大学を出て2, 3年フラフラしていまして，というかまったく別の方面の活動をしていたのですが，そろそろきちんと食える仕事をしなければいけないと思ったときに，公務員になろうと思ったんです。そのなかの候補のひとつがNDLだった。昔から図書館員になりたかったとか，どうしてもNDL一本だとか，そういうことではありません。いわゆるお役所といわれる機関のなかでも独自の立ち位置を持っていて，図書館という専門性の高い業務をやっている。職場の文化度もきっと高いだろうと思って，第一志望にしたんですね。幸い，採用していただけたので，躊躇なく決めたという感じです。

1 日のタイムテーブル

①カウンターに出る日の一例

8:45	登庁
9:00 〜 9:30	音楽・映像資料室（または電子資料室。以下同）開室準備, デスク作業
9:30 〜 11:30	音楽・映像資料室カウンター当番
11:30 〜 12:00	デスク作業
12:00 〜 13:00	昼休み
13:00 〜 14:30	音楽・映像資料室カウンター当番
14:30 〜 16:00	デスク作業
16:00 〜 17:00	音楽・映像資料室カウンター当番
17:00 〜 18:30	デスク作業
18:30	退庁

②カウンターに出ない日の一例

8:45	登庁
9:00 〜 9:30	デスク作業
10:00	「選書コーナー」（新着資料が並んでいる）での選書作業
10:30	音楽映像資料課へその日の新着資料が到着。資料の照合確認など。
10:45 〜 12:00	デスク作業
12:00 〜 13:00	昼休み
13:00 〜 18:00	デスク作業, 会議など
18:00	退庁

※デスク作業中, カウンターからのヘルプ要請があれば適宜資料室へ向かう。

リサーチ・ナビや「調べ方案内」の前身, 大規模デジタル化事業などに従事

—— 入館されてからはどういう業務を？

大沼　2006 年 4 月に入館しまして, 2009 年 6 月まで最初の部署にいました。今は統合されて名前が残っていない部署ですけど, 「主題情報部参考企画課情報サービス第一係」というところです。主題情報部が NDL のレファレンス関係を担当する部で, 参考企画課を筆頭課として, それぞれの課が各専門室を所管している。私は参考

企画課にいまして，この部内のシステム系を担当する係だったのです。

　私が入館した年に，館内電子情報提供サービスという，館内利用者向けの電子情報の提供システムの導入があったんです。その導入作業とその後の運用にかかわりました。契約電子ジャーナルや CD-ROM などの電子資料を提供するシステムの管理・運用ですね。

　もうひとつは，現在リサーチ・ナビ[1]というサービスが NDL のサイトにありますが，それの前身になったシステムがあって，それを担当していました。なかでも，テーマ別調べ方案内（現在の「調べ方案内」[2]）というコンテンツがあり，その取りまとめをしていました。実際にコンテンツをつくるのはそれぞれの専門の課なんです

1）調べものに有用であると NDL の職員が判断した図書館資料やウェブサイト，各種データベース，関係機関情報を，特定のテーマ，資料群別に紹介するものです。

　　国立国会図書館．"リサーチ・ナビ"．https://ndlsearch.ndl.go.jp/rnavi，（参照 2024-01-28）．

　　以上は本書初版の記述です。その後，2024 年 1 月にリニューアルし，ユーザーインターフェイスを一新したほか，国立国会図書館サーチと連携することで，情報へより効率よく，幅広くアクセスできるようになったと広報されています。

　　国立国会図書館．"リサーチ・ナビはリニューアルしました"．https://ndlsearch.ndl.go.jp/rnavi/news/renewal202401，（参照 2024-01-28）．

2）NDL 職員が日々の業務のなかで蓄積した，特定テーマ（トピック）の調べものに役立つ資料や調べ方のノウハウを提供するものです。

　　国立国会図書館．"調べ方案内"．https://rnavi.ndl.go.jp/research_guide/，（参照 2016-01-17）．

　　以上は本書初版の記述です。その後，リニューアルに伴い，「調べ方案内」という独立したコンテンツはなくなり，リサーチ・ナビ全体のなかに統合されました（NDL の資料案内ご担当様，および利用者サービス部サービス企画課様に 2024 年 2 月 7 日に確認）。

国立国会図書館 | 195

けど，それを取りまとめてシステムに登録し，運用するという業務
をやっていました。それから，当時は参考企画課が，館外からの電
話のレファレンスの窓口になっていましたので，ローテーションで
その電話ブースに入って利用者からの質問に答える，というような
こともやっていました。

—— リサーチ・ナビは，図書館のなかでは有名な大きいシステム
　ですね。やりがいや，面白かったことは？

大沼　例えばテーマ別調べ方案内であれば，どのようにそれができ
あがるかという過程は非常に面白かったですね。図書館員の気づき
からまず始まる。日々のレファレンスのなかで，こういう資料が使
える，こういうニーズがあるんだ，そういう気づきがあって，それ
をまず職員のなかで共有するインフォメーションカードというシス
テム（よく問い合わせを受ける事例や業務のメモをNDLの職員間で共有す
るシステム）に蓄積する。それをさらにブラッシュアップすることで，
外部に出すテーマ別調べ方案内というコンテンツになっていく。広
い意味でのレファレンス情報ができていく一連の流れを体験できま
した。

—— その次はどちらに？

大沼　2009年の7月から2011年の8月までの2年ちょっと，今は
ない，臨時にできた組織だったんですが，所蔵資料の大規模デジタ
ル化プロジェクト[3]の事務局にいました。

3）NDLは，2009年度と2010年度の補正予算で計上された合わせて約137
　億円のデジタル化経費により，1968年までに受け入れた和図書（約90万

——その事務局では例えばどういったお仕事を？

大沼 私がかかわっていた業務のひとつに，デジタル化に関する対外的な調整に関することがあります。NDL がデジタル化をどう進めていくか，デジタル化資料をどう利用提供していくかということを外部の権利団体や関係団体と NDL との間で協議する場として，「資料デジタル化及び利用に係る関係者協議会」があります。これは今でも続いていますが，私はその事務局を担当していました。いろいろな立場の方がそこには参加しているわけですね。出版社側の人もいれば，創作者側の人もいる。大学図書館，公共図書館からも参加していましたので，そういった利害調整の場を目の当たりにできたというのは，貴重な経験でしたね。やはり皆さん，それぞれ利害が一致するところもあり，違うところもありますので。そのなかで NDL がどういう順番で，何をデジタル化し，どう提供していくかを決めていかなければいけない。その場に立ち会えたのはいい経験だったと思います。

——デジタル化業務が抱える課題にはどのようなものがありましたか？

大沼 （しばし考えたあと）やっぱり課題は予算ではないでしょうか。予算の制限はどうしてもあって，例えば大規模デジタル化では全体で 130 億円ほどの予算がついたのですが，それですべての所蔵資料をデジタル化できるわけではない。やはり優先順位をつけてやって

冊），主要な雑誌の 2000 年までに発行された号（約 114 万冊），1991 年度から 2000 年度までに送付された博士論文（約 14 万冊），古典籍資料（約 7 万冊）などの電子化を実施しました。

国立国会図書館 | 197

いかなければいけないわけです。その優先順位のつけ方も，劣化の度合いと，利用者のニーズと，権利関係と，いろいろなことを考えて決めていくわけで，そこは戦略的にやっていかなければいけない。あと，紙の資料のデジタル化はかなり進んでいても，まだあまり手がつけられていない分野もかなり残っているわけです。特に録音映像資料などの，紙ではない，機器にかけて再生しなければ見られないようなタイプの資料。それを限られた予算のなかでどうデジタル化し，どのように提供していくかが今後，考えていかなければいけない要素かなと思います。

——大沼さんはそうしたデジタル関連の記事を『図書館雑誌』に書かれています[4]。NDLで働いていると，そういった雑誌に寄稿するといった機会が結構あるんですか？

大沼 そうでもないと思いますが，たまたま自分がどの部署にいるかというのはすごく大きい。個人に名指しで来ることはあまりないので，組織として対応する。それで誰が書くかというパターンが多いと思います。それはもう巡り合わせと申しましょうか（笑）。

国立古文書学校（フランス）へ留学

——その部署の次に，フランスに留学をされていますね。そのお話もぜひお伺いしたいのですが？

4）大沼太兵衛「大規模デジタル化の進捗状況とデジタル化資料の提供について」『図書館雑誌』2011 年，vol. 105，no. 6，p. 376-378.

大沼 長期在外研究という制度がありまして，NDL からは，今のところ常時 2 人程度の職員が留学しています。1 年か 2 年，大学院相当のところに行って勉強して帰ってくるという制度です。私も入館当初から行きたいなとは思っていたんですが，大規模デジタル化事務局にいたときに募集があり，希望して，幸い自分の計画が通ったので行くことができました。

国立国会図書館書庫。音楽関係の資料が並ぶ

留学先にはフランスの国立古文書学校[5]という学校を選びました。フランス国内の図書館司書やアーキビストをめざす学生たちのトップエリートが行く学校で，私はそこに併設された修士課程に入りました。初年度は，伝統的に古文書学校で行われてきた古文書学，書誌学，書物の歴史などを学びました。

2 年目は，今日の図書館資料やアーカイブ資料も含めて，文化遺産全般，特に文字で書かれた文化遺産全般をこのデジタル時代にどう扱い活用するかについて勉強しました。具体的には XML を使ったテキストデータへのタグ付けやアーカイブの記述，プロジェクト管理，ウェブサイトの構築の実習などですね。ひととおり基本の教

---

5) École nationale des chartes. 史料の研究・教育に特化したフランスの高等教育機関（グランゼコール）。卒業生の多くは図書館員，アーキビスト，研究者といったキャリアをめざします。

養から，今必要なデジタル関係の技術までを学べるという2年コースを終えて帰ってきました。

—— 従来の歴史資料に加えて，カリキュラムのなかにデジタル資料がかなり入ってきているのですね。各国の図書館員やMLA[6]にかかわる人たちとの交流はありましたか？

大沼 これは留学の効用のひとつだと思うんですが，いろいろな国から留学生が来ているので，その人脈ができたのはすごく大きいことだったと思います。個人的な話をすると，私が一番仲がよかったのが，セネガルから来た学生だったんです。セネガルは元フランスの植民地で，彼はダブル母語，現地の言葉に加えてフランス語も母語のひとつという文化的背景を持っていました。日本にいたら知り合えなかったであろう，同じ分野の友人ができるというのは，すごく大きな効用かなと思いました。

—— 留学の行き先はどのように決まるのですか？

大沼 希望者は，どの国のどの機関で何を勉強したいかというところまで計画をつくって応募する形になっています。そこはまるっきり任されている。ちゃんと理由が立たないと認められない。国会サービス[7]の業務に資するよう，法律関係を勉強するために海外の

6）博物館（Museum），図書館（Library），文書館（Archives）を総称してMLAと呼びます。
7）NDLでは，国会議員の立法活動を補佐するために，各種調査の実施，セミナーの開催，資料・情報の提供など，国会へのサービスを行っています。

大学へ留学するというのもあります。国会サービス部門と，司書部門と，両方のケースがあるわけですね。あと，私が行ったのは長期ですけど，短期の在外研究というのもあります。数週間レベルで外国の機関に行って，調査をしてくるという制度です。そのほか出張も含め，何かしらの形で海外に行く機会というのは，用意されていると思います。

現在は音楽映像資料課。レコードや歌詞のレファレンスを受けることも

――留学から帰国されてから，現在の部署に異動になったのですね。

大沼 2013年9月末に帰国しまして，翌10月から音楽映像資料課というところで働いています。私のいる利用者サービス部は東京本館の閲覧系の課をまとめた部局になるんですが，そのなかでも音楽・映像資料室と電子資料室という2つの専門室を所管している課が音楽映像資料課です。私はそのなかの資料係にいます。課の所管資料にかかわる業務全般をやっている係です。カウンター業務もあり，デスク作業もする。

　音楽映像資料課が所管している資料は，まずは録音・映像資料と電子資料です。録音・映像資料については，アナログからデジタルまで，さまざまな媒体を持っています。SP，LP，EPというアナログレコード，カセットテープなど。今は廃れてしまったような，利用環境がないため閲覧には出せない古い媒体も持っていたりします。デジタルではCD，DVDなど。また，LDやVHSテープなどもあります。

国立国会図書館 | **201**

もうひとつが電子資料で，これには CD-ROM，DVD-ROM とい
った光ディスクなどの形式の資料もありますし，NDL では「組み
合わせ資料」と呼んでいる，図書に光ディスクなどがくっついた資
料なども所管しています。

　これらとは別に，2014 年の 12 月から楽譜が当課に移管されまし
た。音楽分野のレファレンス業務はもともと，人文課という課の所
掌で，それが音楽映像資料課に移管されたのですが，そうした音楽
分野のレファレンス機能の拡充の動きの一環として，それまでは図
書と同じ書庫にあった楽譜についても，まとめて音楽映像資料課書
庫に移しました。それも音楽映像資料課の資料のひとつの柱になっ
ています。

　ほかに大きな資料群として脚本があります。日本脚本アーカイブ
ズ推進コンソーシアムという団体がありまして，ラジオやテレビの
脚本や台本を後世に残すための収集事業を進めています。コンソー
シアムが集めた脚本のうち，おおむね 1980 年までの放映分，放送
分のものを，約 2 万 7,000 冊，NDL が寄贈を受けて，音楽映像資
料課が所管しています。

——　普段のカウンター業務では，利用者にどういった対応をされ
　　ているのですか？

大沼　電子資料室ではレファレンスは非常に少ないです。音楽・映
像資料室も問い合わせは比較的少ないですね。残念ながら現状では
NDL で音楽のことを聞くという人はあまり多くないと思うんです。

　その少ない質問のなかで相対的に利用者からニーズが多いのは，
例えば昔出たレコードに関する書誌的な調査です。音楽映像資料課

はレコード会社の販売目録を，抜けているところも結構あるんですけど，戦前から戦後まで持っていますので，あるレコードがいつ発売されたかとか，レコードの発売番号は何かとか，会社はどこかというようなことを調べるツールがあるんです。そういった質問があります。それからもうひとつは，歌詞関係ですね。例えば歌詞を覚えていて，題名が分からない，とか。あるいはその逆もあります。「こういう歌があったんだけど，歌詞と楽譜が見たい」というレファレンスもあったりします。

——ほかに現在の部局で特筆すべきことは？

大沼　先ほど申し上げたデジタル化が，今年度（2015年度）も大きな業務になっていまして，目下はアナログ形式の録音資料のデジタル化に着手しています。今年度はカセットテープのデジタル化を予定していて，今まさに仕様書をつくっている段階です。今年度作業できるのは500〜600ぐらいの本数にとどまると思うのですが，今までNDLがデジタル化を行っていなかった資料群です。さらにこの後ソノシート[8]があり，SPレコードがあり，という形で続いていくので，その資料群のなかの優先順位をどのようにつけてデジタル化していくかが今後の課題かな，と。

　それともうひとつは，今年度新たに受け入れる資料で，手稿譜というものがあります。作曲家の自筆楽譜のことです。具体的には，2012年に亡くなった林光さんという作曲家がいますが，彼が残した楽譜などを受け入れてコレクションとして整理し，提供開始に向

8）1950年代にフランスのメーカーが開発した，きわめて薄いレコード盤です。

けた準備を行うという仕事に目下取り組んでいます。図書や刊行資料ではなくて，アーカイブ資料の整理になるわけで，さらに楽譜という整理に特殊な技能や知識を要するものを扱うということで，模索しながら作業している感じですね。

志望者は語学やICTの基礎を。理系の人材は重宝される

——これまでのキャリア，部署のなかで，やりがいがあったものは？

大沼 優等生的な答えになっちゃうんですけど，やりがいは全部あると思うんです。まだ3か所しか私は見てないですけど，最初にいたところは，自分にとってすべてが新鮮で面白いものばかりだったので，どの仕事もやりがいはありましたし，当時あったNDLの主力コンテンツ「テーマ別調べ方案内」という，利用者からのニーズも高いものにかかわることができたのは大きかったと思います。大規模デジタル化については，なかなかあの規模のプロジェクトにかかわるということはできない。実際は雑務と細かい作業の連続ではあるんですけど，非常に大きなプロジェクトという意味でやりがいはあった。今私がいる部署についても，先ほど申し上げたデジタル化や手稿譜のような新しい取り組みはあるので，これからつくっていくという意味で，刺激のあるところだと思います。

——残業はどれくらいありますか？

大沼 そうですね，最初の参考企画課もその次のデジタル化事務局

204 | 第Ⅱ部 実践編

も，いわゆるプロジェクト系のことをやっている部署だったので，ルーティンワークで忙しさが変わるというよりは，例えば仕事が重なってしまってすごく忙しいとか，システムの導入でどうしても遅くまでいなきゃいけないということは単発で発生することはありました。が，そこまで遅くなった経験はあまりないです。ワークライフバランスはそれほど心配されることはないと思います。

――NDL では，勤務されながら修士課程，博士課程など，大学院に通われる方も？

大沼 そうですね，何人かは知っています。一定数いるという印象はあります。

――NDL は，やはり図書館業界のなかでも難関中の難関。どうやって突破されたのかが，気になります。どんなふうに勉強されたのでしょうか？

大沼 私のケースはあまり参考にならないと思いますけど，公務員試験の勉強を始めたのが受験の年の3月（第1次試験は5月）。あわてて始めたというのが正直なところで。受けられる公務員試験は片っ端から受ける形でした。そのなかに NDL もあったんですけど，試験勉強は3月から始めて，NDL の受験に要求されてないものも

いっぱい勉強しました。NDLの2次試験で課される専門試験は「文学」で受験しました。

——学生時代にしておくべきことは？

大沼 これはNDLをめざす方に限ったことではなく一般論になってしまいますけど，あまりバイト漬けにならないほうがいいでしょうね。このご時世，厳しいとは思うんですけど，バイトはできる限り減らして，学生時代にしかできないこと，専門の勉強かもしれないし，旅行かもしれないし，読書かもしれない，人それぞれだと思うんですけど，したほうがいいのかなと思います。ただ，NDLに入ってから役に立つことという点でいえば，英語以外にも何か語学ができるといいかなと思います。

——英語以外も，というのは？

大沼 部署によってもちろん違うんですけど，英語以外の素養が生きることというのは，意外と多くて。例えば資料を所管する課であれば，外国の書籍を選書することもあります。自分のところの専門室にどういう本を備えつけておくか。書庫にこういう本があったらいいんじゃないか。そうしたときに，少なくともタイトルと書籍の内容紹介などを見て内容が分かる程度の素養があれば，判断できることがすごく多い。選書できる資料の幅も英語以外に広がります。

——語学以外に，情報処理系の技能に関してはいかがでしょうか？ デジタル化のお話がたくさん出てきましたが。

大沼 私はそういうのはまったく駄目だったんです。就職してもし

206 第Ⅱ部 実践編

ばらくパソコンを持っていなかったぐらいで。PowerPoint という言葉すら知らない人間だったんです。完全なアナログ人間。でもシステムを扱う部署に配属されてしまって，そのなかでやりながら覚えていったというのが正直なところです。なので，なんとかなるとは思いますが，ただ，基本的なことは知っておいたほうがいいかなと思います。例えば Office 系のソフトの使い方。あと，普段業務で使うパソコン周りの挙動に関しても。

　ただそれより先のこと，つまり図書館で必要な情報系の知識とか素養って，必ずしも一般的なものではないと思うんですね。例えばデジタル業務では画像データに関する知識というのがそれなりに必要になってきますが，あらかじめそんなに勉強できるものでもないと思うんです。図書館業界の慣行みたいなものもありますし，NDLの運用もあったりして，一律でもないですし。XML 関係の技術とか，情報のタグ付け系のことについても，大学で一般的に勉強することと図書館に入ってから必要な知識がどれほどリンクするかというのは，ちょっと分からないですね。そこは入ってから勉強すればいいんじゃないかという気はします。

——将来のイメージやお仕事の夢は？

大沼　正直，そんなに明確なイメージはなくて。ただ，留学をさせていただいたということもありますし，私自身が館外の人と会うのが好きなので，対外的なことにかかわれる業務ができればと思います。基本的には与えられた仕事をがんばれば，どこにでも夢はあると思っています。

国立国会図書館　207

――NDL として求める適性みたいなものはありますか？

大沼　あまり大した話じゃないですけど，文学部出身者が多いんです。私もそうですけど。文学部，文系が多いので，理系の人が重宝されるという実態がある気がします。最近の図書館は本に埋もれてカウンターに立っているだけという仕事ではない。新しいテクノロジーを理解していかなければいけないという側面が確実にあるので，理系の人にもっと図書館を志望してほしいなと思いますね。

専門図書館

小林顕彦さん
公益財団法人味の素食の文化センター
食の文化ライブラリー館長
図書館担当開始年度：2013年度

草野美保さん
公益財団法人味の素食の文化センター
図書館担当開始年度：2013年度

とにかく「食」というのは非常に広大です

―― 本日は，この図書館に配属になられた経緯や，ふだんのお仕事などを伺えればと思ってまいりました。最初にコメントしておきたい点はありますか？

小林 われわれの組織の正式名称は「公益財団法人味の素食の文化センター」。何をしたいか，するかというと，食文化の研究支援，普及啓発，この2つをミッションとしてやっています。

では，具体的に研究支援，普及啓発をどうやっていくのかということですが，研究支援に関してはおもな活動として，大学の先生など研究者の方を集めてのフォーラムの開催。一般公開ではなく会員制のような形式です。毎年テーマを決めて，そのテーマについて年3回，いろいろな専門分野の方，例えば歴史学の先生，文化人類学の先生，調理学の先生，あるいは動物学，経済学など多様な分野の

専門図書館 | 209

> **1日のタイムテーブル（ある月の月初）草野さん**
>
> | | |
> |---|---|
> | 9:00 | 出勤 |
> | 午前 | ・メール，郵便物のチェック |
> | | ・上司と一週間の予定（見学対応・取材・図書館以外の業務）の確認 |
> | | ・図書館スタッフと打ち合わせ |
> | | ・電話や来館者対応（含：図書館業務以外，終日適宜） |
> | | ・（あれば）画像貸出などの対応（終日） |
> | | ・前月のレポート作成（図書館ほか，公開施設について2本） |
> | 午後 | ・上記続き |
> | | ・時期によって異なる業務（インタビューがあった2015年9月は企画展示準備） |
> | | ・本日分のカウンター金庫集計の確認 |
> | 17:35 | （定時） |
> | 17:35-18:30 | （その日によって）残務処理 |

先生がそのテーマに沿って議論，討論する形です。

　なんでいろいろな分野の先生が入っているかというと，とにかく「食」というのは非常に広大ですし学問の間口も広いので。食べることも食ですし，食べるまでのプロセスも食ですし，それから食べた後，人々に与える影響。そういったことがありますので，かなり多岐にわたる分野の先生との討論ということになります。

　普及啓発に関しては大きく2つあります。ひとつは食文化誌『vesta』。古代ローマ神話に竈の女神様，あるいは火の女神様ということでVestaという方が登場される。それにちなんだ名称の食文化誌を年4回発行しています。これも毎回テーマに沿って，先ほどのフォーラムといっしょなんですけど，さまざまな専門分野の方にそのテーマについて執筆していただいて，そのテーマを立体的に俯瞰していくという，そういうつくりの雑誌です。

　そして普及啓発のもうひとつに，図書館があります。詳しくはあとで草野にバトンタッチしますけれども，一般公開していて，一般

のお客さまが誰でも利用可能です。本が主体になりますが，本の貸出ということだけではなくて，例えばテーマを決めて展示をして，さまざまな食がらみの知識，情報，一般教養をお伝えする。また，年に4回ぐらい，公開講座も開催します。これも専門の方をお招きして，講演いただいています。

人事異動で財団へ。いつどう変わっても，誰でも対応できるような心構えが必要

小林　この財団は味の素が出資主体で，今，職員が全部で8人。その8人の職員のうち，私もそうなんですけれども，5人が味の素からの出向で，3人が財団の直接雇用です。さらに，図書館のスタッフとして派遣社員さんとアルバイトさんがいて，毎日2人，交替で勤務していただいています。ということで，図書館で働くことになった経緯に関する話をすると，私は人事異動で財団に来たからということです。

草野　私は財団の直接雇用です。入ってから10年以上ずっと，先ほど話に出た『vesta』の担当をやってまして。図書館の担当になって3年くらいです。小林も私も，司書資格は持っていません。むしろ人事異動や仕事の分担の交代がありますので，いつどう変わっても，誰でも対応できるような心構えが必要だという感じかなと思います。

——小林さん，草野さんは，図書館だけでなくて，財団のほかのお仕事もされているということですか？

専門図書館　│　211

草野 財団の職員が8人ですので，一人二役か，2.5役ぐらい，いろいろな仕事にかかわっているんですね。例えば小林は図書館長であると同時に，今『vesta』の編集長もやっています。私は今は校正をちょっと手伝う程度ですけど，ほかのこまごました仕事も。みんながそんな感じの状態です。

—— 草野さんは，最初から図書館をと思っていたのではなくて，
　　財団に入ってみたら図書館のご担当もされることになったと。

草野 そうです。特に「先に図書館ありき」ではなかったんです。食に関心のある人が味の素なり，食の文化センターで働きたいと思ってることは，共通していると思います。私は，特に文化活動にも興味があったので，ご縁もあって，ここに。

—— 最初から図書館を想定されていたわけではなくて，異動で来
　　られると，「図書館ってこんなところなのか」，「こういうことも
　　あるのか」など，戸惑ったり，感じられたことはありますか？

草野 ここが普通の公共図書館とはまったく違うというのがあるんですけれども，例えば分類方法なんかも独自につくったものなんです。ですから，うまくいえないんですけど，あまり図書館の知識がなくても，むしろ食に関する知識があれば仕事しやすいという部分もあります。でももちろん世の中の図書館の動きですとか，情報を知っておかなきゃいけないので，あわてて付け焼き刃で勉強しているという，両方があります。

　図書館の勉強や運営については，館内で種々検討することだけでなく，例えばほかの専門図書館の方に，懇親会の後に名刺交換して

212　第Ⅱ部　実践編

「みんなどうしてるの？」と聞きます。本に書いてないようなことを，お互い情報交換したり，教えてもらったり。

　人脈というか，聞ける人がいるというのは重要だなと思います。専門図書館の皆さん，やっぱり同じような悩みを抱えていて。われわれと同じで，司書資格を持たずに図書館に配属になる方もいますし。あるいは持ってたとしても，大学で習わなかった，新たな問題があったりするので。そういうのをみんな，どうやっているか，情報交換しますね。

小林　私は2年前，来てすぐに企画展示の仕事がありまして。『料理の友』や『食道楽』といった大正から昭和にかけての料理の雑誌が，うちの図書館に，全巻はないんですけれども，比較的そろってまして，それを展示することになって。その仕事がいきなり入っちゃったので，戸惑う暇なくですね，ドドドドと行っちゃった感じですね。

　戸惑う暇なくで思い出したんですけど，実はもっとゆったりしているという期待があったんですよ。

草野　文化活動は，のんびり暇そうなイメージがあるから。

小林　ちょっと本なんか，ゆったり読めるかなという期待もあったけど，とんでもない。結構やっぱり，現場は忙しいものですよと。学生さんにもぜひお伝えください（笑）。

草野　そうですね。でもなんていうか，営利目的ではないので，そ

ういう意味では心理的にあまり葛藤がなく，すごくいいと思います。

選書の基準

——具体的なお仕事の内容をお伺いします。図書館のスタッフと
して派遣社員の方とアルバイトの方がいらっしゃるということで
すが，貸出ですとか，そういったフロア，カウンター周りのこと
は，その方々が？

草野 そうです。

——小林さんや草野さんは，いわゆる企画管理ですとか，そうい
ったことをされるという理解でいいでしょうか？

小林 そうですね。管理にもいろいろあります。まずは日常的な勤
怠，給与など，スタッフの管理。日ごろからのコミュニケーション
をとても大切にしています。それから予算管理とシステムの管理。

——本を選ぶ選書はどなたが？

草野 選書はスタッフと私たち，みんなでやってます。ただ最終的
に，買うかどうか決めるのは私たち。また除籍や寄贈申し出の最終
的な対応なども私たちが。

——選書はどういった基準で？

草野 非常に四苦八苦している点なのですが，できるだけ文化寄り
な内容。例えば米であれば栽培法，野菜であれば園芸は買わないで，
人間の生活活動とかかわっているものをよく選ぶと。魚に関しても

214 第Ⅱ部　実践編

同じですね。例えば「カツオ」であれば，漁業問題よりは鰹節とか，食べ方とか，そういう観点で選ぶようにはしています。分類に当てはまる本をピックアップした後の，絞り込みの段階の悩みですけど。

―― 食や健康に関する本というと「これを食べさえすれば，すべての病気がみるみる治る」ですとか，そういう本も世の中にはあります。そのようなものの扱いはどうされていますか？

草野 健康法は私どもも迷うところです。ダイエットも含めて，さまざまな本があります。話題になったからすぐ買うではなく，慎重に選書をします。ただ，例えばダイエットというのもひとつの研究テーマと見たときに，「この時期にこんなダイエットがはやった」という意味で，本は貴重な資料になります。なので，健康法全般について，社会現象になったようなもの，これは記録として買ったほうがいいんじゃないかと思うものは，収集する場合があります。

「みめより」とは？

――レファレンスサービスや，最近の展示，その他の図書館の活動については？

草野 レファレンスもみんなでやろうということで，ある程度のガイドラインを決めてやってます。

今は11月から企画展示をやろうということで，小林と私がそれに追われてまして。ある意味世間様の興味のあるテーマでして，「天皇の料理番」と呼ばれている秋山徳蔵さんの関連資料をうちが

専門図書館　215

寄贈をいただいたものがあるのですが、それをもとに展示を[1]。今、ほんとに手づくりなので、2人で、どれを何枚くらい資料を出そうか、パネルをどうしようか、そういうことを今現在しています。再現料理の料理サンプルをつくろうというので、撮影に立ち会うサンプル会社を手配するとか、そういうこともやっています。

　公開講座なんかですと、上期に2回、下期に2回やってるんですが、どういうテーマで、誰を講師にするか。参加希望の募集もかけて、応募が来たらそれを一覧表にして、受講票を郵送する。そういうリストづくりとか、手配、スケジュール調整ですとか、そういうことも全部自分たちで。それはスタッフに任せないで2人でやってます。当日の運営は2人では足りないので、財団のスタッフ総出で、休日であれば休日出勤になります。

　あとは若干物販もしています。先ほど話題に出た『vesta』という雑誌や、うちのシンポジウムの後に出した本、絵はがきなども。

——レファレンスで、印象に残っている質問はありますか？

草野　以前、「時代小説の『慶次郎縁側日記』に出てくる『みめよ

---

[1] 味の素食の文化センターでは、2015年11月2日から2016年3月11日までの間、「天皇の料理番　秋山徳蔵　メニューカード・コレクション展」という企画展示を実施していました。

216　第Ⅱ部　実践編

り』というお菓子はいったい何でしょうか。主人公が大好物だといっている和菓子なんですけれども」と。調べたらきんつばでした。うちが所蔵している錦絵にも描かれていて，「これだったんだ」と。所蔵資料の理解も深まって，ありがたい質問でした。

　遠方からの問い合わせが来ることも。ほんとにいろいろなものがあります。逆に，どんな質問が来るかというのは，答えるのは大変なんですけど，皆さん，どんなことに興味を持っているのかという窓口にもなるので，怖い物見たさで楽しみにするところもあります。

小林　さっき選書の話で，「カツオ」であれば，漁業問題よりは鰹節とか，食べ方とか，そういう観点で選ぶと草野が申しました。レファレンスでカツオの細かな生態などの質問が来た場合，近隣の品川駅の反対側にある，東京海洋大学さんの図書館につなぎます。栄養の専門書に関するものなら女子栄養大学さんにつなぐ場合もあります。2つとも，連携を取っている図書館です。

——学生時代にこういうことをやっておいたほうがいいよ，のような読者へのメッセージはありますか？

小林　そうですね，これはぼくの言葉じゃないんですけど「本は気軽な先生」という言い方を，どなたかがおっしゃったんですよね。あるいは「本は気軽な友だち」でもいいんですけれども。人間の先生なら，いい先生に巡り会うこともあれば，そうでない場合もあります。本の場合は，選択肢は非常に広いわけですよね。読んでみて，ちょっと違うようなというのももちろんあるんですけれども，そしたら返すことができるわけですね。そういうことを繰り返していくなかで「あっ，これ」というものに出会っていくと，どんどん本の

専門図書館　**217**

世界の面白さみたいな，まさに気軽なお友だちでもあるし，先生でもある。そういう感覚でもって，本に触れていく。

　特に若いうちからそういう感覚で，視野を広げたり，教養を高めたり，あまり変な欲を持ってじゃなくて，普通に自分の生活の一部として本というものを位置づける形をつくっておけるといいかと。学生さんですから勉強するのが本分ですので，もちろん教科書とか，その周辺のことはやるんでしょうけども。そこからちょっと離れる。

　経済学を学んでる人が，ちょっと離れたところから，例えばお砂糖のことを，歴史とか文化を通して経済を見てみると，全然違ってくるんですね，その勉強の中身が。砂糖の歴史のなかにはもう，当然ロジスティクスもありますし，戦争もありますし，貿易もありますし。今自分がやっていることが経済学であろうが，文学であろうが，なんであろうが，立体的になるといいますかね。自分が学んでいることが身につきやすくなる。

　そういうことで，手軽なところに，近いところに，先生がいっぱいいますよというぐらいの感じで，本を手に取っていただくというのが，今やっている勉強をちょっと違う角度，違う世界から見ることにつながる。ぼくはこの歳になってやっと気づいたみたいな感じですけれども。これは若いうちに，そういうことにちゃんと気づいていたほうがいい。

草野　働き始めると忙しいから，時間があるうちにいろいろな図書館を見て回られてもいいのかなと。一方で，図書館とは違うところで働いて，違う視点も養うといいかと。例えば，図書館に来る人は，何か情報を探しにやってくる。でも，情報を探すのに，図書館のほかにどんな手段があるのかとかですね。好奇心を持って，まったく

218　第Ⅱ部　実践編

違う逆のところも覗いてみるような，そういう経験や気持ちが大事
なんじゃないかなと思います。

米国のライブラリアン

田中あずささん

ワシントン大学図書館東アジア図書館日本研究司書
採用年度：2013 年 7 月 1 日（米国では 2014 年度）
出身学部学科：学芸学部英語英文学科（学士課程修了），国際関係学部韓国学科（修士課程修了），情報関係学部図書館情報学科（修士課程修了）

はじめに

　本インタビューでは，米国について述べる際は「図書館員」ではなく「ライブラリアン」を用いています。両者は基本的に同義と考えていただいて構いません（本書第Ⅰ部第 1 章「図書館員とは」も参照してください）。ただし，本インタビューにあるとおり，米国のライブラリアンは原則的に大学院で養成され，修士号を持っている点など，日米で違いはあります。

　本インタビューは，2021 年 6 月 29 日（火）11:00（日本時間）に行われました。その後，筆者の家庭の事情などで出版が遅れてしまいました。田中様，関係各位には深くお詫び申し上げますとともに，出版を待ってくださいましたことを心から御礼申し上げます。

韓国研究からライブラリアンへ

——田中さんは米国のライブラリアンです。現職の職名や職位，
　所属部署を伺えますか？

田中　ワシントン州シアトルにある，ワシントン大学の，東アジア
図書館というところです。ジョブタイトル（職名）は Japanese Stud-
ies Librarian です。

——日本でもサブジェクトライブラリアン（Subject Librarian. 主題資
　料専門家。特定主題や学問分野の専門的知識を持つ図書館員）[1] という
　言葉は有名です。Japanese Studies Librarian は，より具体的な概念
　でしょうか？

田中　サブジェクトライブラリアンは「職種」だと思います。Jap-
anese Studies Librarian は「仕事のタイトル（職名）」です。「日本研
究司書」です。私の現職は，職種としてはサブジェクトライブラリ
アンであり，かつ，職名としては日本研究司書である，ということ
になります。

——今のお仕事に就こうと思い立った動機や，思い立ってから，
　どういったステップを踏んで今のポジションに？

田中　もともと学部生や大学院生の頃は，漠然と何か，後世に伝え
る仕事に興味がありました。それでジャーナリストや教員などを検

---

1) 日本図書館情報学会用語辞典編集委員会編『図書館情報学用語辞典』第
5 版，丸善出版，2020 年，p.102.

222 | 第Ⅱ部　実践編

討していた時期もあります。

　同時に，韓国と日本の関係にも関心がありました。韓国について
研究しようと考えたときに，日本でやると日本からの視点になるし，
韓国に行くと韓国からの視点になると思い，アジアから出て大学院
で勉強したいと思ったんですね。韓国学で有名だったワシントン大
学の修士課程[2]に入ることにしました。ちょうど今私が働いてい
る大学です。今現在，母校で働いていることになります。

　修士課程在学中は，海外のニュース，特に韓国をはじめアジア関
連に詳しいジャーナリストをめざしていました。

　在学中，地元シアトルの新聞社でインターンをする機会がありま
した。記事を書く際，広告主や，新聞社の政治思想にすごく左右さ
れるということを痛感したんですね。利害関係に左右されず真実を
追求する環境にあるアカデミアでのキャリアを積んでいきたいな
という思いが湧いてきました。

　同時に，大学院で韓国学の研究をしているときに，ライブラリア
ンたちや，図書館サービスにかなり支えられて，大学院の授業になん
とか付いていけたこともあり，ライブラリアンのキャリアにも興

2）現在，「修士課程」も「博士前期課程」も，どちらもわが国には存在し
ます。「博士前期課程」の名称のほうになじみがある読者の方もいるかも
しれません。博士前期課程は修士課程として取り扱う旨の規定が大学院設
置基準にあり（4条4項），以下，修士課程と表記する場合，博士前期課
程のことだと考えてもらって差し支えありません。
　ただし，日本と米国の大学院の制度や教育内容などを同一だとみなして
いいかという問題もあります（特に図書館情報学の場合）。「図書館情報学
やビジネススクールなど，プロフェッショナルディグリー（専門職学位）」
という発言が本インタビューにあります。わが国でいう専門職大学院をイ
メージして本インタビューを読んでもらってもいいです。

米国のライブラリアン　223

味を持ち始めました。

「図書館で働くことに関心があるのですが」とライブラリアンの方々に伺ったところ，「図書館情報学だけじゃなくて，何かひとつ専門的なサブジェクトを持っていたほうがいいよ」というアドバイスをくださいました。そのため，大学院で韓国学をまず修了しました。

その後，図書館情報学のほうに行こうとやはり思いました。図書館情報学の大学院にすぐに行くのではなく，図書館の実務を1年ぐらいまずはしてみようと考えていたところ，幸運にも，コロンビア大学で，アーカイブのアシスタントの職を得ることができました。文楽関係資料（演目プログラム，練習写真，新聞記事などの現物資料）の保存・管理のアシストです。この仕事を約1年したのち，シラキュース大学大学院の修士課程へ進み，図書館情報学を専攻しました。2年のプログラムでしたが，途中で仕事が決まりそうになったので，2年目の1学期に授業を詰めて，1年半で卒業しました。

ですから，ライブラリアンに興味を持ち始めてから実際になるまで，4年くらいかかっています。

米国の大学院の大変さと楽しさ

——米国でライブラリアンになろうとする場合，図書館情報学の修士号が必要になるのでしょうか？また，修士課程ではどのような勉強をするのでしょうか？

田中　米国では，学校図書館（小中高），公共図書館，学術図書館（大学図書館），国の機関の図書館，あとは企業内図書館ですとかア

ーカイブの仕事に就く，これらほぼすべての場合に図書館情報学の修士が必要になります。

　図書館情報学の修士課程には，おそらく多くの人は，どういう種類の図書館で働きたいかを決めて入ってきます。そのゴールに合わせて履修するクラスが変わってきます。

　学術図書館（大学図書館）のサブジェクトライブラリアンをめざす場合，やっぱりレファレンスの演習もありましたし，目録や，図書館・情報に関する法律，さらには情報インフラストラクチャー（情報基盤）に関する授業が多かったかなと思います。

——入学するためには，まずは，正式な募集要項を大学のウェブサイトなどから入手する必要があるかと思います。その後，具体的には，日本の大学での一定以上のGPAやTOEFLの点数をあらかじめそろえるだとか，試験を受けるだとか，どういったことをクリアする必要がありますか？

田中　各校ウェブサイトに入学のための情報が載っています。求めていることが各校で少し違う場合もありますが，おそらく大体は，いまおっしゃったとおり，学部時代のGPA，外国人であればTOEFLの点数。あとはGREという，大学院に入るための共通試験のスコアですね。

　また，ステイトメントオブパーパスという，なぜ入学したいか，なぜこの大学でなければいけないのか，自分にはこういうバックグ

米国のライブラリアン　225

ラウンドがあって，こういうスキルがあるので，ライブラリアンに
なれると思う，という説明をする文書も用意します。「入学理由
書」とでも訳せましょうか。

さらに，レファレンスレター（推薦状）も必要になりますね。例
えば学生時代の指導教員からだったり，社会人経験が長い人であれ
ば，上司からだったり。図書館情報学の大学院でこの人は成功しま
すよということを後押ししてくれるようなレターが必要になります。

——学費や奨学金については？

田中 大学院によっておそらく結構異なると思います。ALA[3] の
ウェブサイトに，ALA 認定校の一覧や奨学金，入学のための一般
的な条件などを整理した，大学院選びに役立つページがあります[4]。

奨学金は，取れる人は 1 学年で数名程度と，競争がかなり激しい
と思います。

グラデュエイトアシスタントといって，例えば週に 20 時間とか，
決められた時間，図書館でアシスタントの仕事をすることで，学費

3）アメリカ図書館協会（American Library Association）。世界最古かつ最大
規模の図書館協会。1876 年創設。

4）American Library Association. "Guidelines for Choosing a Master's Program
in Library and Information Studies". https://www.ala.org/educationcareers/
accreditedprograms/guidelines-choosing-masters-program-library-and-
information-studies,（accessed 2024-01-28）.

なお，U.S. News & World Report が，過去に定期的に，米国の図書館情
報学大学院のランキングを発表しています。

U.S. News & World Report. "Find the Best Library and Information Studies
Schools". https://www.usnews.com/best-graduate-schools/top-library-
information-science-programs,（accessed 2024-01-28）.

をサポートする制度がある場合もあります。

　ティーチングアシスタントという，授業補助の仕事をできる場合もあります。私が進学したシラキュース大学大学院では，学費のほか生活費や，保険などの福利厚生ももらえるという制度を設けていました。

　グラデュエイトアシスタントもティーチングアシスタントも，希望すれば全員がさせてもらえるわけではなくて，かなり優秀な人しか採用されません。

――いわゆる一般的なアルバイトは？

田中　日本から米国の大学院に来るということは，学生ビザで来ることになります。学生ビザは，学外での仕事はできないですが，学内でしたらできるんですね。なので，図書館でのアルバイトの仕事だとか，学内のカフェテリアとか，そういったことは可能だと思います。

――お金のことは大変そうですね。

田中　多くの人はローンを組んで入学するようです。修了後，働きながら返すという感じです。

――大学院での勉強のお話をもう少し伺いたいと思います。田中
　さんのご著書に，韓国研究は想像を絶するほど大変だったと書い
　てあります[5]。図書館情報学の大学院も，課題や事前の予習など，

---

5) 田中あずさ『サブジェクト・ライブラリアン：海の向こうアメリカの学
　術図書館の仕事』笠間書院，2017 年，p.11.

米国のライブラリアン　**227**

やはり大変でしたか？

田中 ちょっと大変さが違うと言いますか。韓国学などの人文学系の大学院は、とにかくまず文献をどんどん読んで、ディスカッションをして、論文を書いてというのが、トレーニングの中心になると思います。

　米国の大学院での図書館情報学は、もちろん文献も読むんですけれども、チームで何か構想を練ったり、プロジェクトをしたりといった内容が多かったので、大変は大変ですけれども、楽しかったですね、図書館情報学は。

——印象に残っているプロジェクトは？

田中 情報学の授業で「防犯カメラを大学に付けるべきか」というディベートをするための準備をグループでやったことがありました。

　図書館情報学のほかにも、さまざまな専攻の学生がいるクラスでした。私は、データベースでいろいろなことを調べたりするのが得意だったので、その点で貢献できましたし、テクノロジーを専攻している人は、「カメラをこう向けたら、ここまで人の様子が分かってしまう」みたいなことをコメントしてくるといった具合に、さまざまな学術的背景の人たちと協力して何かを解決するという練習になったのは、すごく印象的でした。

——勉強する内容そのものも大事なのでしょうが、多様な人たち
　と議論をして、問題点を明らかにしたり、解決策を探ったりする
　能力の養成でもあった、と言えましょうか？

田中 それはありますね。修了後、図書館で働こうが、民間企業に

228 | 第Ⅱ部　実践編

就職しようが，いろいろな部署の人たちと知恵を集めて，サービスや商品をつくって提供していくことになりますので，よい訓練だったと思います。

日本の協調性と米国の協調性

——話題を先取りして，大学院時代でなく，現在の職務内容に関するお話になってしまいますが，協調性やコミュニケーション能力もサブジェクトライブラリアンには求められるとご著書でお書きになられています[6]。

　ステレオタイプかもしれませんが，米国は日本に比べて個人主義だ，みたいなイメージも世間にはあるかと思います。実際はそうでもないのでしょうか？日本人にとっての「協調性やコミュニケーション能力，チームプレー」などと，米国人にとってのそれらは，そもそも違うものかもしれませんが。

田中　そうしたものは求められますね。個人作業が得意な方は，カタロガー（目録担当者）が比較的向いているかもしれません。ただし，これも程度問題で，カタロガーでも共同で仕事にあたる場面はあります。

　サブジェクトライブラリアンは，学部と連携したり，東アジア図書館という自分の部署の中でいろいろとコミュニケートしたりして，チームワークを取っていかないとプロジェクトが達成できない，ということも多いです。

6）田中あずさ『サブジェクト・ライブラリアン：海の向こうアメリカの学術図書館の仕事』笠間書院，2017 年，p.71-73.

米国のライブラリアン　**229**

ただ，協調性などと言っても，たしかに後藤先生がおっしゃったように，日本人にとってのそれらと米国人にとってのそれらは，ちょっと違うところがあるかもしれません。空気を読む，つまり言われていないことを想像して提供しなくちゃいけないみたいな，そういう協調性は日本では多分すごく重要ですが，米国ではあまり求められません。

——なるほど。言語化すると，米国での協調性とは，どういった協調性ですかね？
田中　多分，同じ方向に向かって動いているときに，自分がどのように貢献できるのかなということを考えて行動できることですね。
　このあたりは，米国のライブラリアンのプロフェッショナリズムにかかわってくるかもしれません。自分はこういうことで貢献するために雇われているという，ひとりひとりの役割が，結構はっきりしています。例えば委員会を組むのでそのメンバーになってほしいと言われるときも，「あなたの，これこれの経験が必要なので，入ってくれる？」というようなインビテーションが来るんです。

母校のライブラリアンになる

——大学院時代に話題を戻したいと思います。田中さんのご著書に，修了するためには論文を書くか，インターンをするか，どちらかが必須だったと書かれておりました[7]。

7）田中あずさ『サブジェクト・ライブラリアン：海の向こうアメリカの学術図書館の仕事』笠間書院，2017 年，p.67-68.

田中 はい，そうです。私は図書館でインターンをしました。図書館情報学やビジネススクールなど，プロフェッショナルディグリー（専門職学位）の場合は，学んできたことを実際の現場でできるかがやはり問われます。それができてこそ修了も，就職もできます。そのことがあり，プロフェッショナルディグリーではインターンを取り入れている場合が多いと思います。ライブラリアンになりたい人が多かったので，インターンに行くケースが多かった印象があります。私の周りで論文を書いていた人たちは，修了後は博士課程に進学していました。

──図書館情報学の修士号を取って，田中さんはライブラリアンになられます。まずどの図書館に勤務して，どういったお仕事をされてから，今の図書館に移られたのでしょうか？

田中 ライブラリアンとして最初に就職したのは，ミズーリ州セントルイスにあるワシントン大学セントルイスというところです。名前が似ていますが，現職のワシントン大学とは別の大学です。そこでサブジェクトライブラリアンとして日本研究（Japanese Studies）と韓国研究（Korean Studies）を担当しました。

そこでは 2009 年から 2013 年まで働きました。日本研究や韓国研究に関する選書やレファレンスサービス，予算管理や学生に対する図書館利用指導。現職のワシントン大学では担当していませんが，当時は目録業務も行いました[8]。

───────────

8）選書やレファレンスサービス，図書館利用指導，目録業務については，本書第Ⅰ部第 1 章「図書館員の仕事」も参照してください。

米国のライブラリアン 231

――サブジェクトライブラリアンはレファレンスサービスだけを担当するのかな，みたいに日本ではイメージされているかもしれません。

　でも実際は，例えば日本研究というサブジェクトの下に，レファレンスサービスだけでなく，選書や目録業務など，図書館のいろいろな仕事をするのでしょうか？

田中　そうです。学部に専属して，その学部の教育と研究を，図書館からサポートする役割という感じですね。

――教育と研究の支援ということになりましょうか。

田中　「教育」に関しては，正確には，米国では Teaching & Learning と呼んでいますが，Teaching と Learning をサポートしています。

　Teaching は，教授たちの授業のサポートです。例えば，クラスで使う教科書をいっしょに探したりとか，どの論文を読ませようかとか，そういった資料，情報関係でのサポートです。

　Learning については，日本では現在，「学修」という言葉が大学でよく使われるかと思います。「大学生の学修をサポートする図書館」（受け身ではなく，情報の探し方，その良し悪しの判断・分析・共有の仕方などに必要なスキルの取得をサポートする図書館）に近いと思っていただければいいです。

――現在の職場に移られた理由は？

田中　まずひとつは，組織の規模が大きくなり，責任も大きくなる。キャリアアップになると思いました。

　それからやはり，ライブラリアンたちに助けられ，自分もライブ

232　第Ⅱ部　実践編

ラリアンになろうと思った原点の母校に戻って、今いる学生の皆さんをサポートして恩返しができたらな、という気持ちがありました。

　さらには、現職のワシントン大学図書館はかなりイノベーティブ（革新的）な所で、いろいろチャレンジしていけるんじゃないかなと考えたことも大きいです。

——サブジェクトライブラリアンとしてキャリアを積んだうえで、その図書館の館長になるというキャリアパスもありますか？

田中　あると思います。勤務先の図書館でキャリアを積んでいって、アソシエイトディーン（副館長など）、ディーン（館長）になるというキャリアパスはありえますね。

——日本の場合、部課長などの管理職になると、組織のマネジメントが業務になります。それよりも現場のレファレンスサービスなどのほうが好きだから管理職にはあえてならないという図書館員の方も、一定割合いる印象です。

　米国の場合は、サブジェクトライブラリアンでありかつ館長でもある、のようなことはありえますか？

田中　いえ、やっぱり管理職になると、マネジメントの仕事です。利用者サービスのような仕事は担当しなくなります。ただ、これは大学図書館全体の、一番トップの館長や、そのすぐ下の管理職など

の話です。

　そうではなく，館長といっても，私が今所属している東アジア図書館の館長は，ワシントン大学図書館の分館の長（ディレクター）です。そのポジションは，サブジェクトを持ちながら現場の仕事も見つつ，その分館のリーダーでもある，という具合です。

米国の図書館で働くには

——そもそも，米国のライブラリアンになるためには，どういう
　種類のビザが必要だとか，あるいは，米国籍でなければいけない
　とか，そのあたりは？

田中　学術図書館（大学図書館）に関しては，州立大学は，外国人は雇わずに，基本的には市民のみを雇用します。私立大学は，就労ビザを出して，外国籍の人でも雇用して人材をそろえている大学もあります。

　重要な点は，就労ビザは一般論として，「米国人ができない仕事をこの人はできるので就労ビザを出します」というロジックに基づいているということです。日本やアジア研究に貢献できるライブラリアンや，あとは例えば目録業務でも，日本語ができないと仕事が進まないと判断されるような場合，就労ビザが出ると思います。誰でもできるような仕事だと難しいと思います。

　就労ビザは数年で有効期限が切れます。その時点で帰国することになるケースも多いです。うちで雇い続けたいということで，グリーンカード（永住権）への移行を大学がサポートしてくれるようなラッキーなケースも中にはあります。その場合，国籍は日本のまま

234　第Ⅱ部　実践編

ですが永住権を得ることができます。

　おそらくこのあたりの，就労ビザや永住権の問題が，日本から米国に渡ってライブラリアンになろうと思ったときの，大きなネックのひとつですね。

　以上は学術図書館（大学図書館）についてです。国の機関，例えば米国議会図書館なんかですと，市民権がないと（すなわち国籍が米国でないと）採用しないそうです。市民権を得るとなると，永住権よりもハードルがさらに上がります。

──就職活動に関しては？

田中　米国では，修士課程に入学する年齢は日本よりもさまざまです。初めての就職は，日本の「新卒」というよりも「年齢に関係なく，修士号を取得してすぐ」という感覚です。私の経験上，学術図書館（大学図書館）に限定した話になりますが，次のようなステップを踏みます。

・非公式な人的ネットワークから初めての就職で誘われることはまずないので，求人サイトや学部の就職課，メーリングリストなどで空席情報を探す

・応募（履歴書，動機書，推薦書，卒業証明書などを提出）

・第一面接（電話によるスクリーニング）。10名ほどに絞られる

・第二面接（キャンパスにて関係者各位との面接および職務分野に関するプレゼン。2〜3名に絞られる

・オファー

米国のライブラリアン

このように面接で絞られていきます。筆記試験は聞いた事があり
ません。

　ライブラリアンの空席が卒業生数に対して圧倒的に少ないので，
修士号を取っても，狙っていた図書館や職種に就職できない人は結
構います。特に図書館内のひとつひとつの分野が小さいので，空き
がでると1名の募集に人が集中しがちです。例えば，私は日本か韓
国研究のサブジェクトライブラリアンか，アジア言語のカタロガー
になることを目標に履修科目やインターンを組んでいました。卒業
年にたまたま日本・韓国研究のポジションが空いたものの，その後，
同じ分野（別の大学）で空きが出たのは数年後でした。

　ただし，図書館情報学の修士が利用できる職はほかにもあります。
例えばデータキュレーター・アナリスト，分類学（例：AMAZONの
データベースのローカリゼーション），プロジェクトマネージャーなど
です。そのため，修士号を取得してすぐに図書館に就職が見つから
ない場合，他分野に就職していくことになります。

　以上は，初めての就職の場合です。米国の図書館で働いていて，
ほかの図書館に移籍したくなった際は，以上に加えて「お誘い」があ
ります。働いて数年経つと，学会や勉強会を通したネットワークも広
がり，業績がよいと空席が出た際にお声がけがあるんですね。ただし，
面接などは公正に行われるので，顔パスということはありません[9]。

9）田中さんのご著書に，米国学術図書館への就職のプロセスが詳しく紹介
　されています。サブジェクトライブラリアンの仕事内容についても詳細に
　書かれており，関心のある読者の方には一読を勧めます。
　　田中あずさ『サブジェクト・ライブラリアン：海の向こうアメリカの学
　術図書館の仕事』笠間書院，2017年，220p.

――ところで，米国での大学院入学と就職，両方にかかわる話になりますが，コロナ禍より前のご著書ですでに，大学の授業のオンライン化の話を書かれていました [10]。極論，日本にいながらオンラインの授業だけを受講して単位をそろえることは可能でしょうか？

田中　大学によってはできると思います。私がシラキュース大学大学院にいたとき，日本人の方で，全部オンラインで授業を受けてらした方が，一人いらっしゃいました。そのまま卒業されて，日本の図書館で働いていらっしゃいます。

　入学の申請をするときに，オンライン課程と，インパーソン（対面）課程の枠がそれぞれあって，前者で入学をして，日本にいるまま修了することができる場合は多いと思います。夏学期に一度現地に行かないといけない，というようなことはあるかもしれませんが。

――日本にいながら修了したのち，米国で働くことは可能ですか？

田中　米国で働きたい場合，ビザの問題が出てくるんですね。インパーソン課程で米国に滞在中の人は学生ビザを持っています。学生ビザを持っていた人は，修了後，オプショナルプラクティカルトレーニング（OPT）という制度を使えます。学生時代に得たスキルを必要とする職の就労許可を 1 年間もらえるものです。

　日本でオンラインで修了してしまうと，在学中に多分学生ビザが出ていないので，OPT も使えないと思います。

　以上のような話は，米国の大学院に関心のある読者の方々にはぜ

10）田中あずさ『サブジェクト・ライブラリアン：海の向こうアメリカの学術図書館の仕事』笠間書院，2017 年，p.66-67.

ひ，入学前にご自身で調べて確認していただきたいです。例えば政権が代わると，いろいろなことが変わったりもするので。

——米国で就職となるといろいろ出てきますが，日本じゃなくて米国の大学院で学びたい人は，今はもう，日本にいながらできるんですね。

田中 はい，そうです。

ライブラリアンの日常

——お仕事の実情についてお伺いいたします。午前，ランチタイム，午後それぞれ決まってこれをする，のようなルーチンはありますか？

田中 毎日変化に富むので，「典型的な1日」というのは難しいです。コロナ禍ですべてリモートだった非常に特殊な時期を除けば，朝9時くらいから仕事を始めて，まずはEメールをチェックして，夜の間に来ていたものも含め，急ぎのレファレンスに答えるなどします。

その後はミーティングがあったり，学生に対して図書館利用指導を行ったり，ドナー（資料の寄贈者）の方がぶらりとやって来たりなどです。本当にいろいろですね。

コロナ禍の際は無理でしたが，ランチタイムに，ブラウンバッグに行くことが多いです。

——ブラウンバッグとは？

田中 ランチを入れたブラウン（茶色）の紙袋です。ランチタイムになると、みんなそれを持って歩いているんです。

「ブラウンバックミーティング」と呼ぶのですが、日本語だと「お弁当会議」ですかね（笑）。就業時間に会うまでもないんだけど、ランチを持ち寄ったときに「ちょっとこの話題について話し合おうか」みたいな、そういったミーティングです。最近のトレンドの話だったりとか、情報収集ですね。

残業，終身雇用，給与

——残業については？日本では、図書館によると思いますが、例えば大規模大学の雑誌契約の担当部署などで、連日かなり遅くまで残業したり、時期によっては土日も出てきていたりしているのを見たことがあります。

田中 今の勤務先のライブラリアンは年俸制で、一律に決められた勤務時間があるというよりも、自分の仕事が終われば帰るという感覚です。でも、上手にタイムマネジメントをして、しっかり9時から5時で帰宅するのは、優秀なライブラリアンたちですね。

——私の先入観かもしれませんが、日本では残業する人が偉いと見なされる場合がありますが、米国では残業をつくらずきちっと帰れる人が偉い、というイメージがあります。

田中 そのとおりですね、はい。優先順位をつけて、例えば契約の仕事がすごく忙しいと分かっているのであれば、アシスタントをつけてもらえるよう交渉するとか、ほかの仕事は引き受けないとか、

そういうふうにちゃんと管理ができる人が優秀だ，という風土があります。

——お仕事に関する話題を続けたいと思います。お仕事に関するやりがいや喜びなどに関するエピソードはありますか？

田中　やりがいを感じるのはやはり，「どう探しても見つからなかった」と言われたものを，見つけてさしあげることができて，研究が進展したり，疑問が解決した際の，利用者の喜びの顔を見たときですかね。

——「どうしても見つからなかったものを探し出す」に関連しますが，ご著書を読んで，田中さんの行動力はすごいなと思いました。あるとき，「地元の人に限って採用するらしい」という情報を入手した田中さんは，そちらに引越しまでして，私は地元の人間であるから採用してほしいとアピールしたというエピソードが書いてありました [11]。やっぱり行動力って大事でしょうか？

田中　行動力はあると，すごくいいですね。情報を探すというのは，図書館の中にいるだけでは分からないことも多いので。例えば，情報を持っていそうな日本の人に米国から連絡をしたりとか，出版社に問い合わせたりとか。かなりアグレッシブに行動しないと，見つからない情報というのもあります。そういう，アグレッシブというか，図々しさみたいなのも，あったほうがいいかもしれないです。

---

11)　田中あずさ『サブジェクト・ライブラリアン：海の向こうアメリカの学術図書館の仕事』笠間書院，2017 年，p.88-89.

――お仕事をしていて，これは大変だったなという出来事は？

田中　人間なので，世界中どこでも多分，人間関係がしんどい場合はあるでしょうね。

　大変だった思い出としては，現在在職中のワシントン大学はライブラリアンも教授陣と同じくテニュア制（終身雇用制）なのですが，就職して6年で，終身雇用になるか，解雇されるかという審査があるんですね。それをクリアするために，例えば執筆をしたり，学会で発表をするなど，かなり業績を出さねばなりませんでした。業務時間は例えば選書やレファレンスなどで精いっぱいで，それらは平日の夜や週末にするしかなかったです。そうした時間そのものや，終身雇用にならなかったら解雇されるというプレッシャー。そこはかなりきつかったですね。

――大変でしたね。テニュア（終身雇用）は，文字どおり定年もないのですか？

田中　定年はないです。日本の年金のようなものが国から出るのが，たしか65歳くらいからだと思うんですが，それを受けるために退職するという人はいます。でも，すぐに受給し始めずに留保することもできます。年金受給開始年齢で辞めずに，続けて仕事をする人もいます。

――差し支えない範囲で大丈夫ですが，給与面は？日本だと，正規雇用の図書館員は，公立図書館なら公務員の，私立大学や私立学校ならそこの給与体系に応じてもらっていますが。

　米国ですと，ライブラリアン，イコールほぼ修士号取得者です

米国のライブラリアン　241

し,そちらの労働者の平均より高いなどしますでしょうか?

田中 州や所属機関,テニュアなのかそうでないのかなど,さまざまな条件の組み合わせでかなり異なってきます。

お給料について,もし,読者の方が関心があるようでしたら,GLASSDOOR というウェブサイト[12]や the ALA-APA Salary Survey Database というデータベース[13]があり,それらを検索すると地域や職能ごとのライブラリアンの平均的な給与などを調べることができます。

コロナ禍とデジタル化

——将来についてお伺いできればと思います。この先,どのようなライブラリアンになりたいですとか,図書館やライブラリアンはどうなっていくだろう,どうなるべきだろうですとか,お考えは?

田中 壮大なテーマですね。個人的には,長期的にどういうライブラリアンになりたいかというよりは,次の数年,何をしていこうか

---

12) Glassdoor. "Salaries". https://www.glassdoor.com/Salaries/index.htm, (accessed 2024-01-28).
13) ALA-APA. "ALA-APA Salary Survey". https://ala-apa.org/salary-survey/, (accessed 2024-01-28).

なと考えています。特に今，ポストコロナをどうしようかなと考えると，資料のデジタル化を進めることですね。資料を集めるだけではなくて，つくる人（資料をデジタル化して公開する人）になりたいな，ということでもあります。

　米国でもコロナ禍の際，図書館はずっと閉まっていました。その間，デジタル化・公開がすでにされていたものは使ってもらえました。でも，そうでない，しかもこのシアトルにしかない一点ものの資料っていうのがやっぱりあって。そういう，現地に来ないと現状では見られないものをどうやってデジタル化・公開していくか，パンデミックの間に結構考えていたんですね。

　特に，私は日本研究のサブジェクトライブラリアンですので，日本に関するものの中でも，大量に部数があるようなものでなく，日本では消滅してしまった資料に焦点を絞ってデジタル化を進めていきたい，そのことを通じて日本研究やデジタルスカラシップ，AIを利用した研究に貢献していきたいと考えています。

米国のライブラリアン　243

第III部

これからの
図書館員像

　第III部では，第II部までにつかんだ図書館員の現状を踏まえつつ，「これから」について考えてみたいと思います。

　まず，これからの図書館員像をテーマにインタビューを行います。インタビューをお引き受けいただいた梅澤貴典さんは，東京都内の私立大学で職員をされています。総合事務職として複数の部局を異動していますが，大学図書館に勤務した経験ももとに，図書館と職員のあり方や情報リテラシー教育に関するさまざまな論文・記事を発表したり，改善案についての提言をされている方です。インタビュアーは著者・後藤です。実施時期は2015 年 9 月です。梅澤さんのご所属・職位はインタビュー実施時点のものです。

　そのうえで，各インタビューや寄稿を踏まえて，これから図書館員をめざす人に求められるものは何か，現職の方々の考えを整理します。それらの素地・素養を身につけるにはどうすればよいか，検討もしましょう。

これからの
図書館員像

梅澤貴典さん
中央大学学事部学事課副課長
採用年度：1997 年度
出身学部学科：文学部第二部英米文学科
出身研究科：教育学研究科大学経営・政策コース（修士課程修了）

—— 今回はちょっと特殊なインタビューです。本書は 3 部構成で，若手図書館員の方に第Ⅰ部でお話を伺い，公共図書館，大学図書館など，館種ごとのお話を第Ⅱ部で伺ってきましたが，第Ⅲ部に「これからの図書館員像」というものを設けています。現状の課題・問題を踏まえて，この先どういった図書館員が求められるか，そういったお話をしたい箇所です。

図書館との出会い

—— 最初に自己紹介をお願いしてよろしいでしょうか。こういうことをやってきて現在に至るというような，キャリアというか。

梅澤 学生時代はちょっと特殊だったんですが，青山学院大学の第二部英米文学科。二部というのは夜学のことなんですけど，18 時から大学生だったんですね。昼間は毎日 4 年間，9 時から 17 時まで青学の中央図書館で，学生雇員で，月給と自分の保険証をもらっ

て働いていました。

　それだけ聞くと立派な話みたいになっちゃうんですけど，実は，高校生のときからバイトしてお金をためて，リュックを背負って海外を歩くみたいなことを始めていて，まともに大学行って働くという気があまりなかったんですね。あるきっかけで，やっぱり大学だけは行っておこうと思って。

　英語だけはちょっと旅行してできたんで，ほとんど英語だけで受けられる大学どこかなと思って，多分，国語はひどい点数だったと思うんですけど，拾ってくれて。入学手続きを全部終えたところで「二部の皆さん，昼間，青学で働きませんか」というビラを配っていて，初等部，教務課，図書館なんかがありますよといったときに，図書館という言葉に，小さい頃からやっぱり好きだったのでピンときて，それで「じゃ図書館でお願いします」と即答しました。

　思えばそれが図書館との出会いで，仕事自体はデータ入力がメインのすごい地味な仕事なんですけど，でもおかげで書誌構造などはイヤでも分かるようになって。3年次，4年次になると，いろいろな院生や教授がカウンター当番の短い時間ですけど相談に来て。「その資料だったらこうやって見つかりますよ」っていったら，結構どえらい目上の人が感謝してくれて「ああ，これは楽しいな」と思って。司書講習にひと夏通って司書資格を取って，見学した図書館に惚れ込んで，中央大学に就職したという感じですね。「総合職だから，図書館の経験，知識というのは分かるんだけど，教務も人事も経理も，なんでもやるんだよ」ということはもちろんお互いに納得ずくでした。

　おかげで，実にいろいろな仕事をやらせてもらってます。例えば

第Ⅲ部　これからの図書館員像

図書館から異動でビジネススクール（社会人大学院）に配属になったときに，現職社会人のためのリテラシー講座というのをやらせてくださいって，教授会に発案してすぐに実現できたり。ずっと図書館畑だけより，結果的には自分には合ってたのかなって思います。

図書館目線から利用者目線へ

——キャリアのご説明をありがとうございます。それでは本題に入ろうと思います。梅澤さんは論文や記事で，利用者の現状についても言及しています。「利用者は図書館の使い方をよく理解している，こういうのは言わずもがなでは」と図書館員は思い込んでいるけれども，そうではない。知られていないから，まずは知ってもらうことから，のようなお話もされています[1]。

梅澤 そうですね。4年生ぐらいの，卒論書かなきゃいけないとか，企業研究しなきゃいけないとか，知の必要性に気づいた人のための講習をやると，やっぱり「なんだ，こんなに便利なものがあったのに，今まで3年間ほとんど使わなかった。なんてもったいないことをしたんだ」と。その間のギャップというのを埋めるのが大事なのかなというふうに思っています。1年生のときにもっと興味をひいて，図書館用語を極力抑えて，「これから学ぶあなたたちのために

---

1) 梅澤貴典「ライブラリアンの講演術：“伝える力”の向上を目指して」『LRG』2015年，no. 10，p. 6-43.
梅澤貴典「2014年度 第2回研究会 講演 大学図書館と学術情報データベースの活用による学習支援の可能性を広げる。：研究テーマの発見から，問題解決策の立案・発信に導くためのステップ」『館灯』2014年，no. 53，p. 14-33.

これからの図書館員像 249

便利な知識を今から話します」というふうに。「入館時の手続き」みたいなルールばかり話したら，それはつまらないに決まってるので。受けて実のある講習というのはやっぱりルール説明じゃないだろうなというのを考えていますね。

――図書館の広報では，利用者にはどういったことからアピールしていけばいいでしょうか。

梅澤 従来，図書館が主語の広報が多かったと思うんですね。「図書館だより」とか「図書館案内」で新着の本が届きました，新しい設備がオープンしました，開館時間が延びました。そういった情報を盛り込まれたホームページや広報媒体というのは，基本的に，もともと図書館を使う人しか手に取らないと思うんですね。

　そうではなくて，主語として「あなた」を使ってほしい。公共図書館なら，あなたが問題に突き当たったときのために，こういう使い方があるんですよとか，大学図書館であれば，例えばあなたが入学して最初のレポートの書くうえではとか。

　特に今どきの若い世代は，検索エンジンなどで，玉石混淆の膨大な情報を集めて，そのなかから役に立ちそうなことをつまんで，自分の問題解決に使っていくということも，現実に何年もやってきちゃっている。今さら本が並んでいる図書館が，絵的にも自分に役に立つとは思えない。図書館というのは，何十年前の本や文学作品などを並べているだけではないということに，どうしてもいつまでも気づかない。

　そのギャップを埋めるには広報のひとつひとつがチャンスなのに，それこそ図書館用語満載で，新着図書のなんとかというふうなこと

をいっていると，図書館側は，「こんなにやっているけど伸びない。これは利用者の意識が低いからだ」というふうに利用者のせいにする。利用者は，「うちの図書館って本がいろいろ並んでるし，真面目な人はやたら行ってるけれども，行く意義が分からない」となってしまう。

ここの架け橋になるような考え方を，ガイダンスにせよ，広報にせよやっていかないと，ゆくゆく，今の20歳の学生たちが教授になって，いつか学長や理事長になったときに，学生時代にお世話になっていない施設に対して，お金を払ったり，人を充てたりしなくなっていくのは当然だと思うので，まずは「あなたにとって役に立つんだよ。こんなふうに役に立つ，あんなふうに役に立つ」というような視点で広報しないと，多分自分の首を絞めることになるんじゃないかなというふうに思います。

財布を握っている人にものを言えるようじゃないと

——梅澤さんはある記事で，大学図書館という視点だけではなくて，親組織の大学や経営者などの観点に立って考えたり進めたりしなければという話をされています[2]。

梅澤 今財布を握っている人にものを言えるようじゃないと，明日のというか，来年の予算を切られる，来年専任職員をひとり切られ

2）梅澤貴典「2014年度 第2回研究会 講演 大学図書館と学術情報データベースの活用による学習支援の可能性を広げる。：研究テーマの発見から，問題解決策の立案・発信に導くためのステップ」『館灯』no. 53, p. 14-33, 2014年.

るという現象が、全国でどんどん進んで、とんでもないことになるなと思ってるんですね。

　これをひるがえして見ると、やっぱり公共図書館の職員というのも、利用者のほうだけ見ていても駄目で、今自分の勤めている市区町村の全体の予算がいくらで、医療費がいくら足りなくて、人口のうちの高齢者層は何人で、小学生が何人いて、だから図書館としてはこういう支援が必要なんだというふうに言えないと。図書館は市民の知の発信地であってという、そういう美しい言葉や理想を掲げるには、やっぱりどうしても嫌な話ですけど、数字的裏づけというのが必要で。「図書館というのは今まで知を支えてきたんだから」とか「子どもにとっては情操的に必要なんだから」というような感情論や一般論だと、一番強いお金の議論には簡単に負けてしまう。

「いい人」からの脱却を

梅澤　今、学術雑誌は電子化されて、契約さえしていれば発刊された瞬間に、日本でも中国でもブラジルでも、同時に読める。つまり夜中に研究室で行き詰まって、この文献が必要となったときに、図書館が閉まっていても、大学のIPアドレスの範囲だったらポチッと押せばPDFが読めてしまうというふうにどんどんしてきたんですが、その作業を一生懸命やればやるほど、図書館の来館者数は下

がっていくに決まってるんです。あと，貸出冊数というのも現在は大きな評価指標ですが，理工系の貸出冊数というのは2000年以降激減してるんですね。当たり前でして，これは電子ジャーナル化を日本全国の図書館で進めたから，来館者数は下がってなんぼだし，貸出冊数は下がってなんぼ。その代わりに，検索回数とダウンロード回数というのがどんどん上がっていく。

経営者は，図書館の来館者もいないし，貸出も少ないのに，多額の予算を図書館に使うなんてばかばかしいやといって，予算を5％切ろう，10％切ろうとなっていく。だけど実は，それこそ*Nature*や*Science*などの洋雑誌というのは年間6％とか8％とか値上がりしてるんですね。去年よりも今年は，6％〜8％分の新しい予算をもらってくるか，6％〜8％分購読を切るしかない。ここで，図書館は図書館で努力し，経営者は経営者で一生懸命努力すればするほど，どんどん離れていくという現象が起きていく。

経営者は，悪気があってお金を減らしているわけではない。大学にとってほんとに必要だと判断すれば，増額するし増員するというのが経営者の考え方のはずなので，そこに対してものを言わないと。図書館員というのは，良くも悪くもすごく「いい人」たちの集団なんですね。いい人というのは，もちろん業務に対してこつこつ真面目という意味もあるんですけども，予算が100万円切られたら，切られたなりにがんばろう，専任職員をひとり切られたら，ひとりいないけど，みんなでちょっとずつカバーしようと。

「何を言うんだ。私たちはこういうことで学生に対してこれだけの効果を出している，データがある，だからひとり切るなんてとんでもない」というふうに声をあげる文化がなかったですし，あげた

これからの図書館員像 253

らあげたで，逆に上司に「いやいや梅澤君，何を言うんだ」と口を
つぐまされるような文化もあり，もともとの良くも悪くもいい人と
いうキャラクターと，経営者のお達しに対しては「ははーっ」と従
うと。減らされたなりにがんばるという文化は，長い目で見ると，
日本の衰退につながっていくと思うんですね。

　きょう考えてきたことは，図書館目線から利用者目線へというの
と，「良くも悪くもいい人」というのを脱却するというのと。あと
もうひとつは，「自分は人前で話すのが苦手だし，本に囲まれて生
きていきたいから図書館員になりたい」という人って，結構いたと
思うんですね。これからの図書館員というのは，もっとものを言わ
なければいけない。ものを言うというのは経営者に対してものを言
うのもそうですけど，新入生何百人の前でもガイダンスができると
か，それこそ大学院生の前でも「私は数学の専門家ではないけれど
も，最先端の学術情報の集め方に関しては，必ず皆さんに役に立つ
話ができます」，というふうに言い切れるような人でないと，やっ
ていけないとは言いませんけど，そういう人たちが増えていってもも
らわないとというふうに思っています。

　でも今から大学図書館員になる22歳の人にその資質を求めると
いうのはとんでもない間違いだと思うんですね。経営者に対しても
のを言えるというのは，図書館をやってきて例えば主任，課長にな
ったときにはそのくらい言えるようになっていないと駄目だという
ことであって，22歳の人にそういう資質を求めているわけではな
いです。

　あと，22歳の人にいきなり「君は昨日まで大学生だったけど，4
月10日のガイダンスで200人の前で話しなさい」っていうのは，

254　第Ⅲ部　これからの図書館員像

これも間違っていると。当たり前ですけど。何度も見せて，模擬を
やらせて，そのうえで小規模のガイダンスからやっていって，勇気
をつけさせてというステップを忘れちゃいけないというふうに思う
んですね。

大学院生がめざす選択肢としての図書館員

梅澤 今，大学図書館に限らず，図書館の求人情報なんかのサイト
を見てみると「司書資格があって，英語ができて，修士号を持って
いて，基礎的なコンピューター技能があって，人前で話すのが得意
な人を募集します，時給 1,000 円です」などという募集をよく見
ます。アホかと（笑）。そんな人，少なくとも新卒でいるわけないし。
10 年間図書館で働いて，やっと身につくかつかないかくらいのス
キルの人を，有期雇用とか，時給 1,000 円，1,200 円で雇おうなんて，
そんな虫のいい話があるかと思うんですけれども，図書館で働くこ
とに魅力を感じる方が多く，意外と応募者数は多い。これでは，せ
っかく高いスキルを持っているのに安く使われ続けることになって
しまう。そういう人材が理想的だというのは事実としてあるとして
も，もしも本気で安定的に活用をしたいならば，ちゃんと図書館が
育てていくしかないし，経営者に対して必要性に気づかせていくし
かないんですよね。

　カナダやアメリカみたいに自分も論文でひーこらいって困った経
験がある院生さんたちに図書館の基礎を教えながら，卒論のサポー
トをさせると，彼ら，彼女らにとっても気づきになるし，より高度
なアドバイスができるスキルがつく。院生たちにとって，学習支援

これからの図書館員像　255

という仕事ってアリだなと気づくチャンスにもなる。教壇に立つ教員とはまた別の，特に修士レベルだと学びのスキルを生かせる職業としてひとつの大きな選択肢になっていく。

これからの知的好奇心をどういうふうに持っているか

——いろいろなものが求められる。けれども，それを 22 歳にいきなり求めるのは，ということでステップをというお話が先ほど出ました。少し見方を変えて，20 代の図書館員になったばかりの人，あるいはなろうとしている人に，どういったことが求められると感じますか？

梅澤 もし私が今，採用に責任を持つ立場だとすれば，面接のときに，基礎的なことにプラスして何を聞くかといったら，これからの知的好奇心をどういうふうに持っているかということを聞くと思いますね。

ぼくは大学を卒業して社会人になったとき，正直に言うと「よし，これで授業に出て，レポートに追われてという生活はもう終わりだ，やったぜ」って思ったんですよ。しかも働きながら夜大学行ってたので，これでもう夜の時間は自分のものだし，宿題に追われることもないし，やったぜというふうに思ったんです。けど，何かを真剣に志せばどうしても学ぶということが一生必要になってくるということに，恥ずかしながらだいぶあとになって，20 代も終盤になって気づいたんですね。

図書館員向けの講演を頼まれることがありますが，受講者は名だたる大企業のビジネスライブラリーで働いているような人たち。そ

の人たちが，ぼくの講演を聴いて，持って帰れるものがないと非常に失礼に当たってしまいます。

　そうなってくると，やればやるほど面白くなっていくんですよね。自分はここは知ってるけど，ここのところは全然知らなかったということで，もう1回調べてみたり。あと，学んで発信すればするほど，きょうのインタビューもそうですけど，あることがらに対して最前線に立っている人とお話をする機会に恵まれたり。

　学ばなかったら人生，全然開けない。22歳というのはみんなスタートラインに立った状態なので，どれほど偏差値が高い大学を出てようが，あまり関係ないんですよね。

　そこからいろいろなことに対して，知って，発言して，出会ってということを繰り返して，飛躍的に広がっていく人生になるか，ただたんたんとやらなきゃいけないことだけ給料の分はこなしたぞという人生になるか。やっぱり図書館に勤めるような人は，前者であってほしい。そうなると，今どんなことに興味を持っていて「25歳とか30歳になったときに，どんな図書館支援をしていたいですか」というふうに聞いて，それに対する答えにすごく期待するところがありますね。

さまざまな可能性を捨てないことは，すごく大事

——この本を読む人は，いろいろな職業に興味があって，そのひとつとして図書館という人もいれば，図書館員になるぞと強く思って読む人もいると思います。進路選択についてはどのようなお考えを？

これからの図書館員像　257

梅澤　いろいろな可能性のなかのひとつとして見る人と，図書館員一本で行く人。後者は今，すごく危険。ゆくゆくはそういうふうになっていってほしいなとは思いますけど，今の日本の就職市場とか，現実的な労働環境のなかで「自分は絶対図書館員になるんだ，それ以外の可能性なんて考えないぞ」と，どうか決め込まないでほしい。

　むしろ，例えば商社，メーカー，すごく面白いものをつくっている中小企業，そういったものの情報収集をしたこと自体が，実は将来情報を求めている人の支援をするときに絶対役に立つ。今4年生であることを逆にチャンスととらえて，企業ガイダンスやキャリアセンターのセミナーにガンガン行って，普通世の中，100万人ぐらいいる同世代の人たちが，企業に就職しようとするときにこういう準備をして，こういう情報を集めるんだというのを，体験として感じる，知る。

　将来，大学図書館にせよ，公共図書館にせよ，就職活動の情報を集める人の支援をする立場に立ったときに「私はやったことないけどさ」という前提で話すのと，「私も全滅でしたよ」と切り出し，「その経験をもとに，あなたたちに今からこういう話をする」と言える人の話は，もう伝わる内容が天と地ほども違いますね。

　だから，図書館員は就職市場的に一本化するのは危険だというだけではなくて，まずは世の中を広く知るという意味でも，失敗だろうとなんだろうと，自分のなかに経験を蓄積するという意味でも，まずはさまざまな可能性を捨てないことは，すごく大事だと思いますね。

　図書館員なんてバンバン内定が出るなんてものではないに決まっているわけですから，まずは縁のあったところで，実際の社会経験

をしてみる。その経験で，その次のチャンスが生まれるということも全然あります。日本には「みずからチャンスの糸口を断って，退路を断って邁進することが美しい」みたいな文化がありますけど，どうかその辺のいい人さみたいなのも捨てて，したたかに振る舞うのもひとつの手じゃないかなというふうに思います。

第4の職業

—— 図書館目線から利用者目線へ。「いい人」からの脱却。ものを言える。これからの，今後のという話題でさらに何か？

梅澤 そうですね，「図書館員」や「司書」という名前も，あと何年使われるのかなというふうに思ってます。図書館自体も，もはや「図書」だけが対象でもないですし「館」というスタイルを取るものでもなくなっていくだろうと思います。司書なんていう言葉でいうと，まさにこう本棚を背にしてというイメージですし，実際そうだったわけなんですけれども，日本の大学図書館があまり今まで学習支援というところまで踏み込んでこなかったのが，今ラーニングコモンズなどをつくってどんどんそれを始めていますよね。

そうなってくると，教員，図書館員，事務職員というのが今まで3つあったとすると，第4のカテゴリーみたいなのが必要になってくるのかなと思って。専任の教員はいなきゃいけない。一方，本を購入したり，データを入力したり，伝票を切ったりという図書館員

もいなきゃいけなくて，大学全体の経理，人事，教務，成績管理する事務職員も絶対にいなきゃいけない。

さらに第4の職業。例えば経済学の専任教員が卒論を書かせるときに「だからおまえこうやってコピペをするな，何度もいっただろ」と叱る時間があったら，もっとその人の専門分野に関しての知識，その人でなきゃ教えられない知識の指導に注力したほうが，学生は伸びるに決まってるんですよ。でも，今教員はさっきのコピペの説教に時間を取られている。それを1年生，2年生のとき，最初のレポートに携わるときに全学問共通で，経済の学生だろうが，商学の学生だろうが，もっというと理工の学生だろうが一律に必要な，資料と学びをリンクさせるアカデミックスキルをしつこく教える少数のプロフェッショナル集団を持つ大学と持たない大学というのは，今後差がついていくと思うんですね。そういう人たちはもちろん，伝票を切って，ハンコを押してというようなことはやらないで，すべての時間を専門的支援に注ぐというふうに切り分けていくしかないかなと思います。

今，チャンスもチャンス，大チャンス

——各図書館の母体である地方公共団体や学校法人は，苦しい財政状況が続いているケースもあります。そのなかで今後の図書館は？

梅澤 ぼくは論文の締めくくりに「こういう厳しい状況はチャンスなんだ」みたいなことをよく書いてきました。もし，子どもはどんどん生まれます，経済は右肩上がりですというのが続いてたら。も

し，予算がボンボン出るし，ざっくり「これが要るよね」みたいな感じで，特に何も考えないで選書して，並べて，何か来ても「私たち別に教員じゃないんだから，そんな質問をされても分かりませんよ」っていってても，給料もボーナスももらえて，というのが続いてたら。図書館員はつまらない仕事になっていたと思います。

だから今，チャンスもチャンス，大チャンスで，ここで1回洗われて，図書館というのが学習とリンクしなきゃいけないし，そこで働いている人たちもそれを支援できるような，学びにワクワクさせるような仕事に生まれ変わらないといけない。そう生まれ変わると，図書館で働くことが面白くなるし，大学で学ぶことも面白くなるし，社会に出ることも面白くなるし，というふうな好循環に持って行ける，今ものすごいチャンスの時代だとぼくは思ってるんですね。

図書館が生き残る必要がないんだったら，ぼくは全然それでいいと思ってるんですけど。でも必要ないはずはないので。仮に有料，無料の区別などを全部取っ払って，極論するとウェブですべての情報が入手できるようになったとしても，必要な施設，場，職員という存在になっていかないと，不要論が勝って，10年後にはない仕事になってしまうと思います。

今の話もまったくの夢物語ではなくて，学術論文など信頼できる情報もどんどんオープンアクセス化されてきてますし。あと，ぼくはフリー百科事典に対して今のところ否定的な立場を取ってますけれども，それだってこれからどんどん内容が検証されて質が向上していったら，例えば「一定基準を満たす責任表記のあるものに関しては引用していい」という時代は，やってくるかもしれません。

いずれすべての情報が無料で手に入るといっていい時代になっち

これからの図書館員像 261

ゃうと思うんですよね。そうなったときにでも，大学生や大学院生，教員，研究者にとって，「あの学術情報支援のプロフェッショナルがうちの大学にいなくなるなんていうのは，絶対に駄目だ」といわれる存在にならなければいけない。ひとつの大学に 3 人か 5 人か，人数は分からないですけど，それだけは育成も続け，採用も続けていかないと，大学自体の存続が危ういことは誰の目から見ても明らかだと思ってもらえるかどうかが，これから明暗を分けると思います。

図書館員をめざすあなたへ

　第Ⅰ部の後半からここまで，図書館員の方々にインタビューを行ってきました。全国の図書館員全員に話を伺ったわけではありません。ですが，本書に登場いただいた方々は，公共図書館と大学図書館両方の経験を持つ有望な若手であったり，日常業務のかたわら図書館の業界誌や学会誌に記事・論文を書いたり，シンポジウムや研修会に登壇したりと，日々活躍されている方ばかりです。発言に耳を傾けるときっとよいでしょう。

　各インタビューはさまざまな話題に及びました。それらについてはそれぞれのインタビューをぜひ熟読ください。ここでは，図書館員をめざす人に求められるものは何か，現職の方々はどう考えておられたでしょうか，各インタビューの発言（特に，複数の方々から出た意見）を整理してみましょう。また，以下のそれぞれの素地・素養を身につけるにはどうすればよいかも考えてみましょう。

図書館や図書館に関する科目にだけでなく，いろいろなものに興味関心を持つ

　　私個人の経験では，もちろん図書館に関することを勉強することも大事なんですけれども，それ以上に，いろいろなことに対してアンテナを広げて，いろいろな知識を吸収しておいたほ

うが，働き始めたときに役に立つのかなと。図書館って本当に
さまざまな分野の本を扱うので。(本書第Ⅰ部・吉田さん)

　必ずしも，司書のお勉強だけがんばってやってればいいとい
うわけではなくて，いろいろな分野の，いろいろな知識を。と
にかく興味があったらいろいろな本を読んだり，さまざまな人
と会って多くの体験をしたり，そういうことが役に立つんじゃ
ないか。ちょっとした「これはあそこで聞いたことあった」と
いうのが，レファレンスや選書する場などで役立ったりするの
で。(本書第Ⅱ部・成田さん)

　なんでも勉強しておく。真剣に勉強したほうがいい。ぼくは
学生時代に，自分の勉強したい科目をひたすら取るということ
をした。[中略]学生の当時は，ただ面白いと思って勉強した
んですが，社会人になって役に立つかどうか分からなかった。
けど，今はそれをブックトークで使える。(本書第Ⅱ部・頭師さ
ん)

　例えば商社，メーカー，すごく面白いものをつくっている中
小企業，そういったものの情報収集をしたこと自体が，実は将
来情報を求めている人の支援をするときに絶対役に立つ。[中
略]図書館員は就職市場的に一本化するのは危険だというだけ
ではなくて，まずは世の中を広く知るという意味でも，失敗だ
ろうとなんだろうと，自分のなかに経験を蓄積するという意味
でも，まずはさまざまな可能性を捨てないことは，すごく大事

だと思いますね。（本書第Ⅲ部・梅澤さん）

　さまざまなものに興味関心を持つことの大切さを，複数の方々が
上のとおり指摘していました。この改訂版で追加した，米国の田中
さんも，図書館情報学でなく韓国研究から出発しています。筆者も，
自分自身の実務経験や一図書館利用者としての実感，図書館に関す
る種々の研究を行ってきた経験上，図書館員をめざす方は好奇心豊
かでさまざまな知識を持つことが望ましいという意見に同意します。
　では，そのようにあるためには何を意識すべきでしょうか。アプ
ローチはひとつとは限りません。非常に月並みですが，勉強のほか
に，部活動やサークルなどいろいろな活動に参加するのもよいかも
しれません。あるいは，もともと自分が関心を持っていた話題が集
まりがちな SNS でなく，新聞を読む習慣を持つのも有力な方法で
しょう。新聞には，自分がかねてから興味を抱いていたことに関す
る記事も，そうでないものに関する記事も，両方載ります。それら
に目を通すことで視野が広がります。さらに，味の素食の文化セン
ターの小林さんは次のとおりお話をされていました。

　　「本は気軽な先生」という言い方を，どなたかがおっしゃっ
　たんですよね。あるいは「本は気軽な友だち」でもいいんです
　けれども。［中略］手軽なところに，近いところに，先生がい
　っぱいいますよというぐらいの感じで，本を手に取っていただ
　くというのが，今やっている勉強をちょっと違う角度，違う世
　界から見ることにつながる。（本書第Ⅱ部・小林さん）

図書館員をめざすあなたへ　265

本書を手に取る読者の方は必然的に，図書館に関心がある方だと思われます。ほかならぬ図書館を使いこなして，多種多様なジャンルの読書量を増やすことも有効だと思われます。

人と接するのを苦にしない

公共図書館で働くにしても，大学図書館で働くにしても，カウンター対応というのは必ずどこかで出てくると思うので，それに抵抗がないことというのは大事だと思います。（本書第Ⅰ部・吉田さん）

司書資格を取ろうとしている人は，たいてい皆さん，本が好き，図書館が好きという人だと思うんですけど，往々にしてそういう人って，わりとおとなしい人が。どちらかというとひとりで静かに本を読んでいるのが好きな人が多いですよね。でも，公共図書館だとそれよりも，むしろ人と接するのが得意な人のほうが向いてるんじゃないかなと思いました。（本書第Ⅱ部・成田さん）

図書館員をめざす人には「本が好き」，「図書館の静かな環境が好き」という人が多いのではないでしょうか。しかし，約10年前から情報リテラシー教育という仕事が大学図書館の業務に加わりました。この仕事は，簡単にいうと図書館の使い方，本や雑誌の探し方，オンラインデータベースの使い方などを教える仕事です。図書館員とは静かな人々，という従来のイメー

ジを持っている方は驚くかもしれません。（本書第Ⅱ部・吉植さん）

　　人と接することを苦に感じない人が向いていると思います。
　絶対に子どもたちと接する仕事なので。公共図書館よりも接す
　る仕事だと思うんです。（本書第Ⅱ部・頭師さん）

　上のように，人と接するのを苦にしないことも必要な資質として
複数の方々が挙げていました。この改訂版で追加した，米国の田中
さんとのインタビューでも，（利用者と接する，でなく，いろいろな人
たちといっしょに働くという文脈で）協調性やコミュニケーション能力
が求められるという話題が出ました。考えてみれば，「図書館員の
仕事」（本書第Ⅰ部第1章）で述べたとおり，図書館員の仕事のなか
でもパブリックサービスなどは人相手のものばかりですし，上の意
見が出るのは当然の結果かもしれません。
　では，図書館員になりたいのだけれど人に接するのは得意でない
という場合は，どうすればよいでしょうか。頭師さんはインタビュ
ーのなかで，上の引用箇所に続けて「まあ，苦手でも職に就けば成
長することもありますけど（笑）」と述べています。筆者も，上で
「資質」（生まれつきの才能や性質）とは書きましたが，働いているう
ちにコツをつかめるケースも多いのではと予測します。この第Ⅲ部
のインタビューで梅澤さんが「何度も見せて，模擬をやらせて，そ
のうえで小規模のガイダンスからやっていって，勇気をつけさせて
というステップを忘れちゃいけない」と語っていますが，その点も
関連すると思います。日々の訓練や小さな成功を積み上げていくこ

図書館員をめざすあなたへ　267

とが苦手克服へのひとつの道でしょう。

　人と接するという点が気になる読者の方に向けて，もう少し書いておきます。そもそも，人に接しない職業というものはなく，職業ごとに違うのは人との関係性だ，と考えることもできそうです。「図書館員の待遇」（本書第Ⅰ部第2章コラム）で書きましたが，筆者はかつて，国立大学附属図書館の正規職員として働いていました。その後，司書課程や司書教諭課程を担当する大学の教員になりました。その経験から，図書館員として利用者に接したり，同僚と共同で仕事にあたることと，教員として学生を指導することは，一言で人に接するといっても実質はかなり異なると感じています。幾多の職業のなかで，図書館員として人とつながり，接していくことが自分に向いているか，イメージしてみましょう。実際にやってみないと分からない部分も多いのでむずかしいところですが，本書第Ⅱ部で杉浦さんや草野さんが，図書館を見学に行くとよいというお話をされています。また，本書第Ⅰ部第2章のコラムでインターンシップについても述べました。それらは，上の点をイメージするという意味でも参考になるかと思います。

学問とは何かを感じ取る

　　アカデミックなベースがほしいですね。修士に行けという話ではないですが，学問とは何かを感じ取るぐらいは大学でしておいてもらわないと。（本書第Ⅱ部・高橋さん）

　　可能であれば，学生さんたちには学会に，会員にならなくて

もいいですから、一般参加者として参加して、学会がどんなふうな世界かということを見てほしいと思います。（本書第Ⅱ部・杉浦さん）

このような意見も出ました。筆者も大いに賛同します。筆者の体験ですが、「あの利用者は図書館にいつも来ているが、きっと論文の字数が足りなくて、埋めるのに必死なのだろう」、「研究って、新しいものだけが価値があって、昔の研究には意味がないんでしょう？」という趣旨のことを図書館員が発言するのを聞いて、びっくりしたことがあります（どれだけ本気で口にしたのかは分かりません。ひょっとしたら冗談のつもりだったのかもしれません。なお念のために書いておくと、図書館にいつも来ているような利用者ならば、論文に書きたいことが多くてどれを捨てるか考えている、のようなことはあっても、字数を埋めるのに必死だという可能性は高くないと思います。また、分野にもよりますが一般に、学術研究は時間をかけて検討されることで評価が定まる面があります。ある研究が、単に新しいというだけで価値がある、発表されてから時間がたった研究には意味がない、ということはありません）。

図書館員は、学術的なものに関心がなくても、通常業務を処理できればそれでよいという考え方もあるかもしれません。しかし、学術の世界に親しみのある図書館員とそうでない図書館員とでは、利用者のニーズを想像してとっさに機転を利かせることができるかといった点や、通常業務から少し幅を広げた企画立案力といった点で、差が出てくると個人的には思います。

上のような素養を身につけるには、愚直かもしれませんが、図書館情報学専攻であれ、他専攻であれ、大学でのゼミや卒業論文・卒

業研究に真剣に取り組むことが非常に重要だと思います。杉浦さんが指摘しているように，可能なら学会に行ってみるのもよいでしょう。

学校司書には教育学の素養が必要

　　学校図書館を考えるうえでは，もちろん図書館情報学は学ばなければいけないと思いますが，教育学も学ばなければいけない［中略］
　　司書資格を持って学校図書館で働く学校司書の方たちは，できれば学校教育に関する科目をどこかで補っていただくといいと思います。教員免許を取るまでいかなくてもいいと思いますが，少なくとも学校教育や教育行政などの基礎的な知識は，どこかで学んでいただきたいと思います。（本書第Ⅱ部・杉浦さん）

　　学校で働いていると，絶対に子どもと接するし，ときには注意することもあります。学校のなかにある図書館なんだから，学校教育というのはどういったものかというのを知っておかないと。絶対に教育学の素養というのは必要だと思うんですね。これはもう，現場で働いていて必要だし，そういう場面に必ず出くわすので，切に思うんですね。（本書第Ⅱ部・頭師さん）

　学校図書館に関するインタビューでは，杉浦さん，頭師さんいずれも，教育学を学ぶ必要性を述べていました。
　もちろん，他館種をめざす場合でも，教育学に詳しくて悪いとい

270　第Ⅲ部　これからの図書館員像

うことはありません。公共図書館をめざすなら生涯学習や生涯教育，社会教育に，大学図書館をめざすなら高等教育や大学論に詳しくなっておくことは有益であるように思います。

なお，杉浦さんからインタビュー後，「多様な職員・生徒とコミュニケーションがうまく取れることや資料と教科についての知識を兼ね備えていることが必要だと思います。読書が好きなことは基本でしょうが，読書が嫌いな生徒の気持ちが理解できないといけないでしょう」との補足をいただきました。

英語などの語学力，情報技術に関する知識・技能

上記のほか，英語などの語学力（第Ⅱ部・高橋さん，大沼さん），情報技術に関する知識・技能（本書第Ⅰ部・吉田さん，第Ⅱ部・高橋さん，頭師さん，大沼さん）も挙がりました。これらは実は，図書館員をめざす人に求められる素養として昔からいわれるものなのですが，本書のインタビューでも複数の方々がやはり指摘していました。

語学力，特に英語に関して述べておきます。大学生や社会人が英語というと，英会話スクールに通うことがもてはやされるかもしれません。アプローチはさまざまで，英会話スクールを否定する気はありません。一方，やはり愚直かもしれませんが，大学入学までに学校で習う基礎事項の復習，反復練習も役立ちます。私見ですが，日本の学校教育における英語は身につかないという意見を日常会話でたまに耳にしますが，よく勉強してみると，日本の学校で教える英語のカリキュラムはよく考えられたものだと気づくことも多いと思います。

図書館員をめざすあなたへ　271

また，モチベーションを高めるために TOEIC や実用英語技能検定（英検）などの資格試験の勉強をするのもよいでしょう。筆者は国立大学附属図書館に勤務していた頃，英検１級にチャレンジし，なんとか取得しました。ただ資格が増えただけでなく，英語力が実際に上がったことを体感しましたし，カウンターでの英語対応（勤務先の大学図書館では，外国人の先生や留学生がよく来られました）も安定感が増しました。

　情報技術に関する知識・技能を持つ人材という限定した意味（だけ）でなく，もっと広い意味での文脈でしたが，理系の人がほしいという話も出てきました（本書第Ⅱ部・高橋さん，大沼さん）。この本を手に取ってくれた読者で理系の方は，図書館員という職業は意外と（？）ねらい目かもしれませんよ。

　以上のように整理すると，好奇心旺盛で社交的・外交的，勉強熱心で語学にもコンピューターにも強い，スーパーマンのような人材を想像した読者の方もいるかもしれません。しかし，焦る必要はありません。この第Ⅲ部で梅澤さんが「そんな人，少なくとも新卒でいるわけない」と述べた箇所にちょうど似ています。はじめからすべてを兼ね備えている人はいません。本書は，図書館員に関心を持ち始めた大学生や高校生から，本格的に図書館員をめざして採用試験の勉強中という方まで，広い読者層を想定しています。読者の方々それぞれの段階に応じて，各インタビューを参考にしながら，得意分野を伸ばしたり，苦手なものを克服できるよう着実に進まれるとよいかと思います。

文献案内

　以下，図書館員をめざす人への文献案内をつくりました。各項目は著者などの五十音順に列挙しています。

　図書館に関する書籍で文献案内を設ける場合，以下の「図書館に関する一般書・専門書」のたぐいを豊富に紹介することが多いかと思います。一方本書は，図書館員に関心を持ち始めた大学生や高校生，本格的に図書館員をめざして採用試験の勉強中の方を主たる対象読者にしています。そうした方々には，まずは，以下の「司書課程の教科書」，「司書教諭課程の教科書」などを通じて基本事項や図書館の全体像を把握してもらうよう勧めることが，地味で泥臭いかもしれませんが，大切だと思います。そう考えたため，「司書課程の教科書」，「司書教諭課程の教科書」などに字数を割いています。教科書は複数の出版社から出ていますが，特にお薦めのものを紹介します。図書館員に興味を持ち始めたばかりの人は，一気に全部でなく，興味のある科目や単元から読んでいくとよいでしょう。採用試験の勉強中の方は，出題範囲を確認したうえで，くまなく読み込みましょう。

　なお，①教科書はほかにも複数の出版社から出ています。読み手と文章には相性もあります。書店や図書館で現物を手に取って確認することをお勧めします。②下記の各文献は改訂などで今後新しくなる可能性があることに留意してください。③本書のインタビューのなかでも，お薦めの本が紹介される場合がありました。それらも参考にしてください。

司書課程の教科書
　「図書館に関する科目」のうち必修科目の教科書について紹介します。

図書館概論
①塩見昇編著『図書館概論』5訂版，日本図書館協会，2018年.
②高山正也，岸田和明編著『図書館概論』改訂，樹村房，2017年.
③宮沢厚雄『図書館概論』理想社，2011年.

図書館制度・経営論

①安藤友張編著『図書館制度・経営論：ライブラリー・マネジメントの現在』ミネルヴァ書房，2013年．

②糸賀雅児，薬袋秀樹編『図書館制度・経営論』樹村房，2013年．

③後藤敏行『図書館の法令と政策』新訂，樹村房，2024年発行予定．

→③は，当科目の，法制度・政策の箇所を学ぶためのものです．本書執筆時点で新訂版を2024年中に発行予定です．

生涯学習概論

①鈴木眞理［ほか］編著『生涯学習概論』樹村房，2014年．

②田中雅文［ほか］『テキスト生涯学習：学びがつむぐ新しい社会』新訂2版，学文社，2020年．

図書館情報技術論

①齋藤ひとみ，二村健編著『図書館情報技術論』学文社，2012年．

②塩崎亮［ほか］編著『図書館情報技術論：図書館を駆動する情報装置』第2版，ミネルヴァ書房，2022年．

③杉本重雄編『図書館情報技術論』樹村房，2014年．

④田窪直規編『図書館と情報技術：検索技術者検定3級対応』3訂，樹村房，2023年．

⑤日高昇治『図書館情報技術論』第3版，学文社，2022年．

図書館サービス概論

①小田光宏，庭井史絵編著『図書館サービス概論』日本図書館協会，2023年．

②金沢みどり『図書館サービス概論』第2補訂版，学文社，2022年．

③志保田務［ほか］編著『図書館サービス概論』学芸図書，2013年．

④高山正也，村上篤太郎編著『図書館サービス概論』改訂，樹村房，2019年．

情報サービス論

①小田光宏編著『情報サービス論』日本図書館協会，2012 年.

②山﨑久道，原田智子編著『情報サービス論』改訂，樹村房，2019 年.

情報サービス演習

①大谷康晴，齋藤泰則共編著『情報サービス演習』新訂版，日本図書館協会，2020 年.

②原田智子編著『情報サービス演習』3 訂，樹村房，2021 年.

児童サービス論

堀川照代編著『児童サービス論』新訂版，日本図書館協会，2020 年.

図書館情報資源概論

①岸田和明編著『図書館情報資源概論』改訂，樹村房，2020 年.

②馬場俊明編著『図書館情報資源概論』3 訂版，日本図書館協会，2024 年.

③宮沢厚雄『図書館情報資源概論』新訂第 4 版，理想社，2018 年.

情報資源組織論

田窪直規編著『情報資源組織論』3 訂，樹村房，2020 年.

※『日本目録規則』，『日本十進分類法』，『基本件名標目表』（いずれも日本図書館協会）の本書刊行時点で最新の版は，それぞれ順に，2018 年版，新訂 10 版，第 4 版です。これらの現物，例えばまずは，以下の箇所を実際に読み，概要を理解することをお勧めします。

・『日本目録規則』の「目録委員会報告」や「序説」，「第 0 章 総説」（日本図書館協会のウェブページで PDF 版が公開されています）

・『日本十進分類法』の「はしがき」，「分類委員会報告」，「序説」，「『日本十進分類法新訂 10 版』の使用法」，「用語解説」

・『基本件名標目表』の「序説」

情報資源組織演習

①小西和信，田窪直規編著『情報資源組織演習』3 訂，樹村房，2021 年.

②志保田務，高鷲忠美編著『情報資源組織法演習問題集』第3版，第一法規，2021年.

③和中幹雄，横谷弘美共著『情報資源組織演習』3訂版，日本図書館協会，2023年.

司書教諭課程の教科書

①「司書教諭テキストシリーズⅡ」樹村房，2015年 -.

②「探究 学校図書館学」全国学校図書館協議会，2019年 -.

③放送大学教材の司書教諭科目テキスト

→③は，各科目とも数年おきに改訂されるようです。それぞれ最新の版をお薦めします。

学校司書のモデルカリキュラムの教科書

「司書課程の教科書」や「司書教諭課程の教科書」の教科書が，学校司書のモデルカリキュラムのそれを兼ねる場合も多いかと思いますが（詳細は，モデルカリキュラム開講大学のシラバスをインターネット検索するなどして調べてみてください），拙著を2点挙げておきます。

①後藤敏行『学校図書館の基礎と実際』樹村房，2018年.

②後藤敏行『学校図書館サービス論：現場からの報告』樹村房，2018年.

図書館に関する一般書・専門書

①猪谷千香『つながる図書館：コミュニティの核をめざす試み』筑摩書房，2014年.

②岡本真，森旭彦『未来の図書館，はじめませんか？』青弓社，2014年.

③神代浩編著『困ったときには図書館へ：図書館海援隊の挑戦』悠光堂，2014年.

④神代浩，中山美由紀編著『学校図書館の挑戦と可能性』悠光堂，2015年.

⑤菅谷明子『未来をつくる図書館：ニューヨークからの報告』岩波書店，2003年.

⑥根本彰『情報基盤としての図書館』勁草書房，2002年.

図書館職員採用試験の対策問題集

後藤敏行『図書館職員採用試験対策問題集 司書もん』第 1 巻 - 第 3 巻.
第 2 版，図書館情報メディア研究会，2020 年.

→取り扱い書店は，図書館情報メディア研究会のブログ（http://blog.
livedoor.jp/libinfomedia/）をご覧ください。

求人の情報源

まず大前提として，読者の方ご自身の働きたい自治体や機関の公式発表が最も正確な情報ですので，それらをこまめにチェックしましょう。直接問い合わせたくなる場合もあるかもしれません。本書第Ⅰ部第2章「図書館に就職するには」にも書きましたが，そうした際は，大胆さも必要かもしれませんが，先方の現場の忙しさも十分考慮に入れて，先方の業務に支障が出ないよう，タイミングなどをよく工夫して尋ねてください。

複数の自治体や機関の求人を確認したい場合は，求人情報の検索エンジン Indeed（https://jp.indeed.com/）や各種の就職ポータルサイトのほか，次の雑誌やウェブページなども役に立つでしょう。

なお，頭師さん（本書第Ⅱ部）からインタビュー後，「学校司書はそもそも募集を探すのが難しい。Twitter で「われわれの館」というハッシュタグがありハローワーク等を元にした採用情報が頻繁に出ているが，ハローワークに行くとネットでは見つからない採用情報もある」とのメッセージをいただきました。

雑誌

『公務員試験受験ジャーナル』（実務教育出版，月刊）

→毎月の号のほかに，特別号も出ます。実務教育出版社は公務員試験や国立大学法人等の職員採用試験関連の書籍をほかにも出しています。

※司書教諭をめざす方で教員採用試験を受ける場合，『教員養成セミナー』（時事通信出版局，月刊）や『教職課程』（協同出版，月刊）などがあります。採用後，果たして司書教諭として図書館担当になるか，という問題にはここでは触れません。本書第Ⅰ部第2章「図書館に就職するには」や，第Ⅱ部の杉浦さんへのインタビューをご覧ください。

ウェブページ，ブログサイト，ブログ記事

①日本図書館協会．"図書館職員求人情報"．https://www.jla.or.jp/tabid/334/Default.aspx，（参照 2024-01-28）．

②日本私学教育研究所．"教職員募集情報"．https://www.shigaku.or.jp/employ/recruit.html，（参照 2024-01-28）．
　　→教科「その他」の欄に司書教諭や学校司書の求人情報が載ります。一部の地域の私学協会のウェブサイトへのリンクもあります。

③全国国立大学附属学校連盟，全国国立大学附属学校 PTA 連合会．"国立大学附属学校園 教職員募集情報"．https://www.zenfuren.org/renmei_list/fuzoku_saiyou/，（参照 2024-01-28）．

④科学技術振興機構．"JREC-IN Portal"https://jrecin.jst.go.jp/seek/SeekTop，（参照 2024-01-28）．
　　→研究者・大学教員の求人サイトですが，たまに，私立学校の司書教諭や，ちょっと特殊な司書の求人などが載ります（専門性や英語力を要求する司書の求人など。この④に限りませんが，それが時給千円くらいの非常勤雇用だったりして，図書館業界で批判される場合もあります。本書第Ⅲ部の梅澤さんへのインタビューもご覧ください）。

⑤"図書館司書になる！"．https://library-site.hatenablog.com/，（参照 2024-01-28）．

⑥"公共図書館（公務員）・国立大学図書館の司書になる！"．http://bookserial.seesaa.net/，（参照 2024-01-28）．
　　→⑤，⑥では，しばしば，筆者の著作をブログ記事で紹介いただいております。知人に尋ねられたことがあるので念のため書いておきますが，このブログサイトの管理人様は筆者ではありません。

⑦野原海明．"「われわれの館」閉鎖後，図書館司書の求人はどこで探せばいいのか"．野原海明の Web 文芸誌醒メテ猶ヲ彷徨フ海（さめてなおさまよう海）．2014-02-01．https://mia.hateblo.jp/entry/2014/02/01/000000，（参照 2024-01-28）．
　　→⑤，⑥も同様ですが，図書館への人材派遣を行っている各社にも言及しています。

おわりに

　本書はここまで，図書館・図書館員とは何かから始めて，図書館界の最近のトピック，図書館員になる方法，待遇などを解説し，そのうえで現職者へのインタビューを重ねてきました。これから図書館員をめざす人に求められるものは何か，第Ⅲ部で整理・検討しましたが，読んでいただければ分かるとおり，インタビューではほかにもさまざまな話題に及びました。

　例えば，「人が集まる場としての図書館」や「第4の職業」というビジョンが示されました（本書第Ⅱ部・成田さん，第Ⅲ部・梅澤さん）。「図書館がどうこうというんじゃないところまで，もう図書館の仕事そのものがすでに広がっている」という発言もありました（第Ⅱ部・高橋さん）。これらは，実務の最前線で研鑽されているからこそ出てくる着想だと思います。本書を手に取られる方は図書館員に関心のある方だと思いますが，図書館の現場に入ったのち，日々努力を重ねていくと，その人なりの「さらにその先」が見えてくるのではないでしょうか。本書が，奥行きのある図書館の世界に読者をいざなうきっかけとなることを祈念いたします。

　本書の執筆にあたり，ご多用の折，インタビューや寄稿をお引き受けくださった方々，ならびに国立国会図書館広報係様，関係各位に心から御礼申し上げます（以下，記事の掲載順，所属はインタビュー実施時点，寄稿時点）。

髙橋美貴 様（日本女子大学人間社会学部 学生）

山本菜摘 様（日本女子大学家政学部 学生（後藤敏行ゼミ），卒業後，民間企業勤務）

吉田芙弓 様（東北大学附属図書館）

成田亮子 様（秋田県立図書館）

髙橋菜奈子 様（国立情報学研究所）

吉植庄栄 様（東北大学附属図書館）

杉浦良二 様（愛知県立鳴海高等学校）

頭師康一郎 様（豊中市立桜井谷東小学校）

大沼太兵衛 様（国立国会図書館）

小林顕彦 様（味の素食の文化センター）

草野美保 様（味の素食の文化センター）

田中あずさ 様（ワシントン大学図書館）

梅澤貴典 様（中央大学）

　勉誠出版の大橋裕和様には，インタビューに同行いただき，また，事前・事後の入念な検討で常に的確なご意見をいただきました。喫茶店や居酒屋での，打ち合わせを兼ねたよもやま話は楽しいひとときでした。大橋様に心から感謝申し上げます。

　本書改訂にあたり，坂田亮様には，種々のご提案をいただいたばかりか，育児などに追われて遅れてしまった執筆を待ってくださりました。改訂にあたっての膨大な数の加筆にご対応くださいました。インタビューや合格体験記を早い段階で改訂版にお寄せくださ

った方々にも，同じ理由でお待ちいただくことになってしまいました。にもかかかわらず種々のご協力を賜りました。坂田様，皆々様に心より御礼申し上げます。

2024 年 3 月（2016 年の初版「おわりに」に加筆）

後藤敏行

著者略歴

後 藤 敏 行（ごとう・としゆき）

1977年宮城県仙台市生まれ。日本女子大学家政学部家政経済学科准教授。東北大学大学院文学研究科博士課程前期修了，筑波大学大学院図書館情報メディア研究科博士後期課程修了，博士（図書館情報学）。東北大学附属図書館（文部科学事務官，図書系職員），青森中央短期大学（専任講師）を経て現職。専門は図書館情報学・人文社会情報学。主な著書に『図書館の法令と政策』（樹村房，2015年初版，2016年増補版，2024年新訂版発行予定），『学校図書館の基礎と実際』（樹村房，2018年），『学校図書館サービス論』（樹村房，2018年）などがある（以上すべて単著）。

ライブラリーぶっくす
図書館員をめざす人へ　増補改訂版

2024年10月10日　初版発行

著　者　後藤敏行
発行者　吉田祐輔
発行所　㈱勉誠社
　　　　〒101-0061　東京都千代田区神田三崎町2-18-4
　　　　TEL：(03)5215-9021(代)　FAX：(03)5215-9025

〈出版詳細情報〉https://bensei.jp

印刷・製本　中央精版印刷
ISBN978-4-585-30014-4　C1000

ライブラリーぶっくす
司書のお仕事
本との出会いを届けます

司書課程で勉強したいと思っている高校生、大学生、社会人や、司書という仕事に興味を持っている方に向けて、司書の仕事をストーリー形式でわかりやすく伝える一冊。

大橋崇行 著
小曽川真貴 監修
本体 1,800 円（＋税）

ライブラリーぶっくす
司書のお仕事 2
お探しの本は何ですか？

司書が実際にどういう仕事をしているのかをストーリー形式でわかりやすく伝えるシリーズの第 2 弾。
「除架と除籍」、「行政支援レファレンス」等…、専門用語や業務を、現役の司書が解説。

大橋崇行 著
小曽川真貴 監修
本体 1,800 円（＋税）

ライブラリーぶっくす
調べ物に役立つ
図書館の
データベース

図書館で使える便利なツールと、その使用方法を紹介。OPAC や、キーワードを使った検索方法についても、やさしく解説。Web で使える無料のデータベースも紹介。これまでになかったデータベースの使い方の入門的ガイドブック！

小曽川真貴 著
本体 1,800 円（＋税）

ライブラリー
学校図書館学 1
読書と
豊かな人間性

高校生を中心としたヤングアダルトの読書離れが、国内外で深刻な社会問題となっている。本書では、より広い視野から子どもの読書の実情や読書環境を捉え、学校図書館の活用による読書教育のあり方について論じる。

金沢みどり・河村俊太郎 著
本体 2,500 円（＋税）